존 파이퍼의

평생
배움

Foundations for Lifelong Learning: Education in Serious Joy
by John Piper

Copyright © 2023 by Desiring God Foundation
Published by Crossway, a publishing ministry of Good News Publishers
Wheaton, Illinois 60187, U.S.A.

This Korean edition copyright © 2024 by Word of Life Press, Seoul, Republic of Korea
Published by arrangement with Crossway through rMaeng2, Seoul, Republic of Korea.
All rights reserved.

이 한국어판의 저작권은 알맹2를 통하여 Crossway와 독점 계약한 생명의말씀사에 있습니다.
신저작권법에 의하여 한국 내에서 보호받는 저작물이므로 무단전재와 무단복제를 금합니다.

존 파이퍼의 평생 배움

ⓒ 생명의말씀사 2024

2024년 12월 24일 1판 1쇄 발행
2025년 2월 4일   2쇄 발행

펴낸이 | 김창영
펴낸곳 | 생명의말씀사

등록 | 1962. 1. 10. No.300-1962-1
주소 | 서울시 종로구 경희궁1길 6(03176)
전화 | 02)738-6555(본사) · 02)3159-7979(영업)
팩스 | 02)739-3824(본사) · 080-022-8585(영업)

기획편집 | 유영란
디자인 | 박소정
인쇄 | 영진문원
제본 | 보경문화사

ISBN 978-89-04-16908-5 (03230)

저작권자의 허락 없이 이 책의 일부 또는 전체를
무단 복제, 전재, 발췌하면 저작권법에 의해 처벌을 받습니다.

존 파이퍼의

평생 배움

존 파이퍼 지음
이재룔 옮김

생명의말씀사

추
천
의
글
―

　이 책에서 우리는 일류 지성이 인간의 사고가 어떻게 작동하는지 탐구하는 모습을 봅니다. 설교자, 목회자, 신학자이자 또한 교육자인 존 파이퍼는 깊이 헌신하는 그리스도인으로서, 기독교적 사고의 올바른 작동 방식을 설명하기 위해 최선을 다합니다. 이 뛰어난 사상가로부터 배울 기회를 놓치지 마십시오.

앨버트 몰러 주니어, 남침례신학대학원 총장

　존 파이퍼의 가르침과 사역은 '하나님 중심'이란 주제가 특징입니다. 존 파이퍼는 이를 바탕으로 그의 교육 철학에 대한 설득력 있고 사려 깊은 개요를 제시했습니다. 이 책이 제시하는 통찰력 있는 관찰과 원칙은 모든 수준의 학습자에게 신선한 자극이며, 교육 과정의 목적과 방향에 대해 진지하게 고민하는 상급자에게도 적용할 수 있습니다. 이 책의 아름다운 점은 평생 배움에 초점을 맞추었다는 것입니다. 따라서 이 일관된 원칙은 모든 독자에게 하나님을 기뻐하며 그분을 영화롭게 하는 삶으로 나아가는 지침이 될 것입니다. 이 책을 읽고, 성찰하고, 다른 사람들과 나누십시오. 강력히 추천합니다!

데이비드 S. 도커리, 사우스웨스턴침례신학교 총장

존 파이퍼는 특유의 명료함과 통찰력으로, 하나님께 영광 돌리고 그분을 찬양하기 위해 사는 사람에게 있어 배운다는 것이 무엇을 의미하는지 조명합니다. 이 책은 교사와 학생, 그리고 그리스도인이라면 언제 어디에서나 귀한 자원이 될 것입니다. 우리는 모두 그리스도의 학교에서 배우는 제자이기 때문입니다.

토마스 R. 슈라이너, 남침례신학대학원 신약 해석학 제임스 뷰캐넌 해리슨 교수

서문

> 그리스도인은 왜,
> 무엇을 향해 공부해야 하는가
> 이정규 시광교회 목사

서울대 정치외교학부에서 가르치는 김영민 교수는 공부에 대해 쓴 아주 재기발랄한 책에서 이렇게 말한다(참고로, 나는 그의 열렬한 팬이다).

젊은 날 입시와 취업으로 환원되지 않는 어떤 공부를 할 기회를 박탈하는 것은 그 화려한 시간에 대한 모욕이 아닐까. 마치 날씨가 너무 좋은 날 경치가 아름다운 길을 돌아보지 않고 바삐 지나치는 것이 그 시간에 대한 모욕인 것처럼. 나중에 돌이켜본 자신의 화양연화(花樣年華)가 기껏 수능 시험을 얼마나 잘 보았나, 혹은 얼마나 명문 대학에 입학했는가, 정도라면 그것은 그보다 흥미로운 지적 체험이 없었다는 자기 고백일 뿐이다.*

---

* 김영민, 『공부란 무엇인가』(서울: 어크로스, 2020), p.12.

얼마나 통쾌한 일갈인가. 인생에서 남들보다 조금 더 잘 벌고, 잘 먹고, 조금 힘을 쓰며 명예를 얻을 수 있는 위치에 올라가기 위해서만 '배움'이라는 고귀한 행동을 하는 것은 잘못되어도 아주 단단히 잘못되었다. 물론 학자이기 때문이기도 하겠지만, 공부라는 행동 자체에 대한 그의 진지한 자세는, 이러한 마음을 가진 사람이 대한민국 최고라 여겨지는 대학교의 교수라는 사실을 참으로 다행스럽게 한다.

하지만 의문도 든다. 그는 다른 책에서 죽음 이후에는 아무것도 없다고 단언한다.**

아마도 그의 세계관이 유물론적/무신론적이기 때문이리라. 그렇다면 어차피 신도 없고 죽음 이후도 없고 인간 말고의 절대적 가치와 존재가 없는데 왜 인간은 더 '숭고한' 가치를 위해 공부해야 하는가? 왜

** 김영민, 『아침에는 죽음을 생각하는 것이 좋다』(서울: 어크로스, 2023), p. 8-10.

'공부'라는 행동은 돈을 더 많이 벌거나 더 잘 나가는 사람이 되기 위해 이용되어서는 안 될 만큼 더 숭고한 것인가? 누가 그걸 정하는가? 단순히 "나는 그냥 높은 지위와 많은 돈을 얻기 위해 억지로 공부할 뿐이에요. 내게 필요한 건 오로지 좋은 점수뿐이라고요."라고 말하는 것이 나쁜 것인가? 나쁘다고까지 정의할 수 없다면 최소한 열등하다고는 말해야 할 텐데, 그러한 증거는 어디 있는가? 그냥 의문이다.

냉정하게 생각해 보자. 그렇게 공부해서 원하는 자리와 재물을 얻은 뒤, 이후에는 사유도 공부도 반성도 멈춘 채 마음대로 살아간다고 하자. 우리가 살고 있는 사회는 19세까지의 학업 성적으로 평생 따라다니는 대학 학벌을 확보할 수 있고, 이후 20대 중후반까지의 학업 성적으로 약 40대에서 50대 초반까지의 삶에 있어서 유리한 고지를 점할 수 있다. 그나마도 당장 돈이 안 되는 공부(예를 들면 윤리학, 사상, 철학, 신학 등)는 평생 하지 않는다 해도 실용 지식만 배운다면 괜찮은(?) 삶을 살 수 있다. 이러한 환경에서 우리가 바른 것을 배워야 한다고, 스스로를 돌아보아야 한다고, 사유해야 한다고 누가 말할 수 있겠는가.

그렇다면 우리는 자문해 보아야 한다. 왜 이러한 환경에서도 스스로를 다그치며 공부하고 배우며 나누고 실천해야 하는지. 그것도 왜 평생 해야 하는지 이유를 말이다. 그리고 우리는 다음과 같은 결론을 내려야 한다. 하나님이 없으면 공부할 이유도 사라진다. 하나님이 없다면 공부를 남들 위에 올라서려는 도구로만 사용한다 해도 그 누구도 정죄할 권한은 없다. 이후 비윤리적이고 자기중심적인 동기의 공부로 얻은 유리한 지위를 남용한다고 해서, 그 누구도 잘못되었다고 말할 수 없다. 그렇다면 공부는 왜 해야 하는가?

존 파이퍼는 이러한 문제의식에 대한 선명한 답을 주는 좋은 책을 썼다. 은퇴한 목사이지만 현재 베들레헴대학의 총장인(즉 교육자인) 그는 하나님 중심적 교육학을 제시한다. 공부에 대해 우리는 다음과 같은 몇 가지 질문을 던질 수 있고, 그는 책 전체를 통해 이렇게 대답해 준다(아래 질문과 대답은 모두 필자의 재요약이다).

첫째, 우리는 왜 공부해야 하는가?

우리는 하나님을 영화롭게 하고 그분을 기뻐하도록 지음 받았다. 따라서 우리는 하나님을 높이며, 알고 기뻐하고 선포하기 위해 공부해야 한다. 이는 신학 공부뿐만 아니라 모든 공부에 해당한다.

둘째, 우리는 어떻게 공부해야 하는가?

우리는 하나님이 지으신 피조물과 그분이 주신 말씀을 관찰하고 이해하며, 그 결과로 세상과 자신을 평가하고 감정을 사용하여 기뻐하고 누리며, 적용하고 표현해야 한다.

셋째, 공부의 열매, 결과는 무엇인가?

하나님은 우리의 배움과 적용, 표현을 통해서 영광을 받으시며 또한 사람들은 유익을 누린다. 우리가 배운 것들을 통해 우리는 세상을 이용하는 것이 아니라 세상을 누리고 섬긴다. 그리스도인이 더 나은 공부를 할수록 세상은 더 기뻐할 수 있고 더 나아질 수 있다.

이러한 원리는 특히나 입시 위주의 경쟁 교육이 모든 공부의 중심인 대한민국에서 더더욱 깊이 생각하고 배워야 하는 것들이다. 그러지 않으면 우리는 (늘 보듯) 더 공부를 잘한 사람들이 그렇지 못한 사람들에 비해 하나도 윤리적으로 낫지 않으며, 사유에 있어서도 더 깊지 않고, 세상을 바라보는 시선 역시 더 사랑스럽지 않은 괴물들만 낳게 될 것이다. 하지만 우리가 공부한다면, 존 파이퍼가 제시한 대로 하나님을 향하여 공부한다면 그리스도인의 공부는 평생 삶의 습관이 되며, 세상을 풍요롭게 하고 하나님을 영화롭게 하는 예배가 될 것이다.

Foundations
for Lifelong
Learning

contents

추천의 글 _4
서문 이정규 시광교회 목사 _6
개요 _14
초대하는 글 _18
들어가는 글 진지한 기쁨의 교육 _22

1 **관찰** 세상과 말씀을 정확하고 철저하게 관찰하라 _47

2 **이해** 관찰한 것을 명확하게 이해하라 _89

3 **평가** 관찰하고 이해한 것을 공정하고 타당하게 평가하라 _127

4 **감정** 관찰하고 이해하고 평가한 것의 가치를 올바르게 느끼라 _153

5 **적용** 관찰하고 이해하고 평가하고 느낀 것을 _189
　　　　현명하고 유용하게 적용하라

6 **표현** 관찰하고 이해하고 평가하고 느끼고 적용한 것을 _221
　　　　말과 글로 표현하라

결론 평생의 삶을 위한 기초 _257
부록 아가시와 물고기 _262

개요

1 관찰 세상과 말씀을 정확하고 철저하게 관찰하라

영적 오감
- 시각
- 청각
- 촉각
- 후각
- 미각

그저 자연적인 세상만이 아닌
물질세계의 영원한 의의
물질의 중요성
명백한 점: 관찰해야 할 대상이 있음
우리는 무엇을 관찰해야 하는가?
- 자신을 관찰하라
- 타인을 관찰하라
- 성경을 관찰하라

독서는 관찰이다
- 합의점 찾기
- 명제들의 상호관계 찾기

예수님을 관찰하라
관찰 방법
1. 겸손하게 기도하며 말씀과 세상을 관찰하라
2. 끈기 있게 인내하며 말씀과 세상을 관찰하라
3. 정확하고 철저하게 말씀과 세상을 관찰하라
4. 우리의 소명을 이루는 데 유익한 것을 관찰하는 일에 특별한 노력을 기울이라

복이 있는 눈

2 이해 관찰한 것을 명확하게 이해하라

이해한다는 것은 무엇을 뜻하는가?
이해의 실례
타당성의 실재
올바른 이해가 꼭 필요한 이유는 무엇인가?
그렇다면 우리는 어떻게 이해를 구해야 할 것인가?
    1. 기도하라
    2. 생각하라
    3. 익숙하지 않은 성경적 사고의 범주를 받아들이라
    4. 고난을 통해 이해하게 된 것에 순종하라
    5. 성경에 전념하는 교회의 교인이 되라
더 많은 것을 이해할 수 있는 평생의 특권

3 평가 관찰하고 이해한 것을 공정하고 타당하게 평가하라

평가하지 않기란 불가능하다
올바른 평가는 하나님께 영광을 돌린다
    하나님은 진실하시다
    하나님의 말씀은 진실하다
    하나님과 그분의 말씀은 선하다
    예배는 (극도로 긍정적인) 평가이다
올바른 평가는 사람들에게 유익하다
올바른 평가는 기쁨을 가져다준다
공정하게 평가한다는 것의 의미

미련하여 욕을 당함
당신의 평가에 대해 근거를 제시하라
죄의 문제?
성경적인 진단과 치료
    칭의와 올바른 평가
    성화와 올바른 평가
기도의 필요성
올바른 평가를 위해 평생 자라가기

4 감정 관찰하고 이해하고 평가한 것의 가치를 올바르게 느끼라

없어서는 안 될 감정
감정이 중요한 이유
감정이란 무엇인가?
선한 감정은 무엇을 가리키는가?
성경에서 말하는 감정의 중요성
바른 감정은 필수적이다
하나님의 목표는 그분의 백성이 행복해지는 것
하나님을 위해 하나님 안에서 행복함
우리의 첫째 되는 목적: 하나님을 영원토록 즐거워하고 '그로써' 그분을 영화롭게 함
하나님 안에서의 행복과 타인을 향한 사랑
기쁨을 추구하라
교육으로 나아가는 길

5 적용 관찰하고 이해하고 평가하고 느낀 것을 현명하고 유용하게 적용하라

기쁨에 의도를 담을 수 있는가?
적용은 곧 행동이다
적용은 하나님 안에서 기쁨이 넘쳐흐르는 것
하나님의 목표는 가시적인 영광을 받으시는 것
무엇을 해야 할지 분별하기
    관찰을 통해 지혜를 분별하기
    이해를 통해 지혜를 분별하기

평가를 통해 지혜를 분별하기
감정을 통해 지혜를 분별하기
정신과 마음의 모든 습관을 이루는 다섯 가지 방법
1. 하나님의 말씀을 묵상하라
2. 분별할 수 있도록 기도하라
3. 성경에 전념하는 공동체 안에서 살아가라
4. 하나님이 주신 자신의 적성을 깨달으라
5. 감사하는 마음으로 하나님의 섭리를 인정하라

마음과 정신의 습관이 열매를 맺음

6 표현 관찰하고 이해하고 평가하고 느끼고 적용한 것을 말과 글로 표현하라

하나님이 친히 말씀하심
우리의 말은 얼마나 중요한가?
1. 우리의 말은 진실해야 한다
2. 우리의 말은 분명해야 한다
용어의 정의
질서정연함 속에 명확성
의도적인 모호성?
명확성과 덕을 세움
3. 우리의 말에는 진정성이 있어야 한다
적절한 감정
4. 우리의 말은 사려 깊어야 한다
유머
5. 우리의 말은 창의적이어야 한다
한밤의 도둑
추상적이지 않고 구체적인
말의 지혜의 위험성?
6. 우리의 말은 시의적절해야 한다
7. 우리의 말은 깨끗해야 한다
유익한 말은 하나님의 선물

초대하는 글 —

본서의 취지는 우선 베들레헴대학 및 신학교(Bethlehem College and Seminary)의 교육 이념을 간단히 소개하는 것이다. 고등학생과 대학생, 그리고 신학생들이 이 책을 읽게 되기를 바란다.

하지만 사실 이 책에 담긴 교육 이념은 남은 생애 동안 더욱더 지혜롭고 놀라운 사람으로 성장해 가고자 하는 모든 이들에게 적합한 내용이다. 우리의 목표는 학생들이 평생 배움을 할 수 있도록 준비시키는 것이다. 따라서 본서는 지적으로나 영적으로, 또한 정서적으로 침체되기를 원하지 않는 모든 연령대의 모든 이들을 위한 책이다.

베들레헴대학에서는 이러한 목표를 추구하기 위해 이른바 "위대한 사명을 수행하기 위해 가장 위대한 책을 바탕으로 한 여러 위대한 책들"에 관심을 기울인다. 작고한 데이비드 폴리슨(David Powlison)은 자신이 위대한 소설과 역사서를 좋아했던 이유를 다음과 같이 설명했는데, 우리는 이에 동의한다.

> 왜냐하면 사람에 대해 배울 수 있기 때문입니다. 인류가 경험한 것들을 맛볼 수 있습니다. 그저 살다 보니 알게 된 사람들에게서는 결코 배울 수 없는 풍성하고 세밀한 것들을 이해하게 됩니다. 사람들 사이의 서로 다른 점들, 그리고 우리 모두에게 동일하게 존재하는 공통점들을 이해하게 됩니다. 이는 참으로 값진 지혜입니다. 더 넓은 통찰력을 지닌 더 큰 사람이 되는 것이지요. 여러분이 알게 되는 그 모든 것들은 우리 하나님과의 관련성과 지혜를 더욱 크게 잘 드러내 줍니다(72쪽 참조).

그런데 그런 책들을 가지고 우리는 무엇을 해야 하는가? 우리는 모든 책을 다 다루어야 하는가? 그렇다면 성경은 어떤가? 자연은? 또한 세상은? 바로 이와 같은 질문에 답하는 것이 이 책의 목적이다.

하나님의 말씀과 하나님의 세상 그 모든 것을 대하는 우리의 정신과 마음의 모습을 보여 주는 여섯 가지 습관이 있다. 그것은 관찰, 이해, 평가, 감정, 적용, 그리고 표현이다. 우리는 하나님 중심의 세계관과 성경의 권위 아래서 이 여섯 가지 정신과 마음의 습관들이 평생 배움의 기초가 된다고 믿는다.

베들레헴대학에서는 가장 위대한 책을 바탕으로 한 여러 가지 위대한 책들에 초점을 맞추는 반면, 베들레헴신학교에서는 훌륭한 목사와 학자의 도움을 힘입어 가장 위대한 한 책에 더욱 깊은 관심을 집중한다. 우리는 신학교의 역할은 "예수 그리스도를 통해 모든 민족이 기쁨을 누리도록 전능하신 우리 하나님과 거룩한 책을 소중히 간직하기 위해 사람을 준비시키는 목자"의 일이라고 말하고 싶다.

그러나 대학생이든 신학생이든, 혹은 시장의 상인이든 간에, 이 책은 인생의 모든 국면에 깔린 평생 배움의 기초에 관한 것이다. 이 책에는 우리의 교육 과정이 어떤 주제를 다루는지가 아닌 오히려 그것을 어떻게 '행하는지', 곧 인생의 주제를 어떻게 행하는지에 관한 내용을 담고 있다. 즉, 예수님께 영광 돌리며 쉼 없이 성장해 가는 그분의 제자로서 삶의 모든 영역에서 합당한 결과를 얻기 위해 우리가 그 '모든' 주제를 어떻게 다루어야 하는지에 관한 책이다.

이어지는 글에서는 우리가 그것을 "진지한 기쁨의 교육"이라고 부르는 이유를 살펴보려고 한다. 그러한 교육은 결코 끝나지 않는 평생의 기쁨이다. 우리는 아직도 그 길을 가고 있는데, 이제 여러분을 그 길에 초대하고자 한다.

들어가는 글

진지한 기쁨의 교육

본서는 '진지한 기쁨의 교육'에 함께 열광할 수 있는 70대와 17세, 그리고 그 사이의 모든 진지한 이들을 위한 책이다. 우리는 우리 자신의 삶은 물론 우리가 가르치는 이들의 삶 속에 정신과 마음에서 비롯되는 그 습관들을 풍성하게 불어넣고 싶다. 이러한 습관들은 우리가 평생에 걸쳐 얻고자 노력해야 하는 것들이며, 따라서 삶의 모든 시기에 꼭 필요한 것들이다.

진지한 기쁨

우리의 사고 체계 안에서 '진지한 기쁨'은 모순된 어법이 아니다. '진지한 기쁨'이라는 말은 '뜨거운 겨울'이나 '차가운 여름' 같은 표현들과는 다르다. 그것은 사도 바울이 고린도후서 6장 10절에서 "근심하는 자 같으나 항상 기뻐하고"라는 문구를 통해 말하고자 했던 바와 같다. 우리는 이것이 실제로 가능하다고 믿는다. 우는 자들과 함께 울고 즐거워하는 자들과 함께 즐거워할 수 있는, 심지어 외적으로 상반되어 보이는 그 두 가지 일을 동시에 할 수 있을 정도로 커다란 사랑을 품고 있는 사람들에게는 이것이 가능하다.

우리는 우리의 학생들이, 그리고 남녀노소를 떠나 여러분 모두가 바로 이와 같은 사람이 되기를 바란다. 아마 독자 대부분이 살면서 꽤 많은 사람을 접하게 될 것이다. 그중에는 행복한 사람도 있고, 또 슬퍼 보이는 이도 있을 것이다. 그러다 보니 슬픔이 있는 곳에서 행복을 나눌 수도 있고, 또한 행복이 있는 곳에서 슬픔도 전해진다. 괴로운 중에도 즐거움이 있다면 그것이 바로 '진지한 기쁨'이다. 이는 시무룩한 기쁨이나 침울한 기쁨, 혹은 우울한 기쁨이 아니다. 말 그대로 '진지한' 기쁨이다. 진지함은 즐거움의 반대말이 아니다. 오히려 무감각하고 둔감하며 피상적이고 경박스러운 것의 반대말이다.

기쁨이 그토록 중요한가?

우리가 교육을 이해할 때 기쁨을 그토록 중요하게 여기는 이유는 무엇일까? 심지어 '진지한 **기쁨**의 교육'이라고까지 말하는 이유는 무엇일까? 그것은 세상이 존재하는 이유와 우리가 그 세상 속에 존재하는 이유에 대한 근본적인 질문과 관련이 있다.

우리는 예수 그리스도께서 이 우주의 모든 것을 창조하셨다고 믿는다. 그분이 만물의 주인이시며, 또 만물이 존재하도록 붙들고 계신다. 세상 모든 피조물이 존재하는 이유는 그분의 위대함과 아름다움, 그리고 그분의 가치(영광)를 드러냄으로써 하나님의 백성이 끊임없는 기쁨을 누리게 하는 것이다.

사실 우리는 그리스도의 영광을 드러내는 일의 핵심이 바로 우리가 그분을 만물 '위에' 두고, 또한 만물 '안에서' 그분을 가장 귀히 여기는 일로부터 기쁨을 누리는 것에 있다고 믿는다. 그리고 교육은 예수 그리스도께 영광 돌리는 이 궁극적인 목적을 위해 하나님과 하나가 되는 우리의 능력이 성장해 가는 과정이다. 그렇기에 교육에 대한 우리의 이해 속에는 기쁨이 그토록 중요한 위치를 차지하고 있다. 또한 우리가 그것을 '진지한 기쁨의 교육'이라는 말로 표현한 이유이기도 하다.

성경적 바탕

우리가 존재하는 이유를 이와 같이 이해하는 성경적 바탕은 골로새서 1장 15-17절이다.

> 그는 보이지 아니하는 하나님의 형상이시요 모든 피조물보다 먼저 나신 이시니 만물이 **그에게서** 창조되되 하늘과 땅에서 보이는 것들과 보이지 않는 것들과 혹은 왕권들이나 주권들이나 **통치자**들이나 권세들이나 만물이 다 그로 말미암고 **그를 위하여** 창조되었고 또한 그가 만물보다 먼저 계시고 만물이 **그 안에** 함께 섰느니라.

그리스도께서는 처음과 중간이시며, 또한 마지막이시다. 그분은 창조주이시자 보존자이시며, 또한 종착지이시다. "그를 **위하여** 창조되었고"라는 말은 그분의 결핍을 의미하지 않는다. 창조를 통해 보완해야 할 부족함이 그분께 있다는 말이 아니다. "그를 **위하여**"라는 말은 그분의 영광을 찬양한다는 의미이다(엡 1:6 참조). 그분의 완전함과 충만함이 창조 사역 가운데 흘러넘쳐 그분의 영광이 온 세상에 드러나는 것이다.

그분이 모든 것을 만드셨고, 따라서 모든 것이 그분의 소유다. "이는 땅과 거기 충만한 것이 주의 것임이라"(고전 10:26). 아브라함 카이퍼(Abraham Kuyper)는 다음과 같은 유명한 말을 했다. "우리 인간이 존재하는 전 영역 가운데 만유의 주재이신 그리스도께서 '내 것'이라고 외치지 않으시는 곳은 단 한 곳도 없다!"[1]

그러므로 이 소유권이라는 말에서 알 수 있듯이 세상은 그 소유주의 목적을 위해 존재한다. 그리고 그 목적이란 바로 그리스도의 영광이다.

이것이 바로 진지한 기쁨의 교육을 형성하는 가장 근원적인 기초이다. 즉, 모든 것이 그리스도에게서 '창조'되고, 그리스도의 '소유'이며, 또한 그리스도를 위해 '존재'한다. 인류가 존재하는 이유는 세상에 그리스도의 가치를 찬미하기 위해서다. 그러나 인간이 그분 안에서 온전한 만족, 곧 만물 '위에' 계시고 만물 '안에' 계신 그분 안에서 합당한 만족을 누리지 못한다면, 그분께 합당한 찬미가 돌아가지 않는다. 그러므로 그리스도를 높이는 교육의 핵심은 바로 기쁨, 곧 진지한 기쁨이다.

영혼의 만족과 그리스도의 찬미

우리가 그리스도 안에서 만족을 누릴 때 그분이 찬미를 받으신다는 개념이 다소 생소하다면, 그 뿌리가 성경에 있음을 분명히 해야 하겠다. 바울은 자신의 죽음을 통해 그리스도께서 찬미받으시기를 기대하고 소망한다고 말했다(빌 1:20). 그리고 나서 이러한 일이 어떻게 일어나는지 설명한다. "이는 내게 … 죽는 것도 유익함이라"(21절). 자신의 죽음이 유익하다는 것은 어떤 의미일까? 그는 이렇게 대답한다. "세

---

1) Abraham Kuyper, *Abraham Kuyper: A Centennial Reader*, ed. James D. Bratt (Grand Rapids, MI: Eerdmans, 1998), 488.

상을 떠나서 그리스도와 함께 있는 것이 훨씬 더 좋은 일이라"(23절). 죽음이 유익인 이유는 그것이 '더 좋은' 일이기 때문이다. 다시 말해서, 죽음으로써 그리스도와 함께 할 수 있는 만족을 즉각적으로 누리게 되기 때문이다.

그렇다면 바울은 어떻게 자신의 죽음을 통해 그리스도를 찬미하는가? 그것은 그가 죽음으로써 그리스도를 유익(만족)으로 경험하는 것이다. 즉, 바울이 평범한 삶에서 누릴 수 있는 축복보다 그리스도 안에서 더 큰 만족을 누릴 때 그리스도께서 찬미를 받으신다. 우리가 그리스도를 찬미하는 교육의 핵심이 진지한 기쁨에 있다고 생각하는 이유가 바로 이것이다. 그리스도께서는 우리가 그분 안에서 '만족'을 누릴 때, 특별히 이 세상의 만족을 빼앗기는 그 모든 순간에 더욱더 '찬미'를 받으신다.

성경에서 이러한 핵심 진리를 도출한 것은 우리가 처음이 아니다. 예를 들어, 18세기 뉴잉글랜드의 위대한 목사이자 신학자였던 조나단 에드워즈(Jonathan Edwards)의 신학에는 이것이 중추적인 역할을 차지하고 있었다. 에드워즈는 다음과 같이 말했다.

> 하나님은 또한 다음의 두 가지 방식으로 그 피조물에게 당신의 영광을 드러내신다. 첫째, 그들의 이해에 … 드러내심으로써. 둘째, 그들의 마음속에 당신 자신을 알려 주심과 또한 그분이 당신을 분명히 드러내심에 대해 그들이 기뻐하고 즐거워함을 통해 … **하나님**

은 당신의 영광이 나타나는 것뿐만 아니라, 그것이 기쁘게 받아들여질 때 영광을 받으신다. 사람이 단순히 그 영광을 보기만 하는 것이 아니라 그것을 보고 기뻐할 때 하나님은 더욱 영광을 받으신다. 그러면 그분의 영광이 인간의 지각과 감성, 곧 온 영혼을 통해 받아들여지는 것이다 … 하나님의 영광이라는 개념을 말로만 증언하는 사람보다 그것을 인정하고 그 안에서 기뻐하는 사람이 하나님께 더욱 큰 영광을 돌린다.[2]

그렇다. "하나님은 … [그분의 영광이] 기쁘게 받아들여질 때 영광을 받으신다." 에드워즈의 이 표현을 우리가 조금 달리 옮겨 보면 다음과 같다. "우리가 하나님 안에서 **만족할 때** 그분은 우리 안에서 가장 큰 **영광을 받으신다.**" 우리가 그리스도를 만물 '위에' 두고, 또한 만물 '안에서' 그분을 가장 귀히 여길 때 비로소 우리는 그분의 가치를 찬미하는 것이다.

고통 가득한 세상 속에서의 기쁨

이러한 일은 세상의 실제적인 고통, 즉 '우리'와 '타인'이 실제로 살아가며 겪는 고통 가운데서 일어난다. 그분 안에 있는 '우리'의 기쁨이

---

[2] Jonathan Edwards, *The "Miscellanies," vol. 13, The Works of Jonathan Edwards* (New Haven, CT: Yale University Press, 1994), 495, miscellany 448; 강조는 저자 추가.

고통을 이겨낼 때 그리스도의 가치가 더욱더 밝게 빛나는 것이다. 하지만 '타인'의 고통은 어떤가? 그들의 고통은 그리스도 안에 있는 우리의 기쁨과 어떤 관계가 있는가? 우리는 먼저 다음과 같은 명제로 시작한다. "그리스도를 높이는 기쁨은 우리 안에 실재하는 현실이며, 그것은 살아 있고, 끊이지 않으며, 계속해서 확대된다." 그러고 나면 우리 안에 있는 이 기쁨에 관해 다음과 같은 놀라운 사실을 보게 된다. "이 기쁨이 확대되어 다른 이들이 그 안으로 들어올 때 우리 안의 그 기쁨은 더욱더 커진다." 그 결과 다른 이들의 고통을 목격할 때 그들도 우리의 기쁨에 참여하기를 원하는 공감의 마음으로 이 기쁨을 그들에게 내주게 된다.

그리스도 안에 있는 기쁨은 마치 일기예보에서 보는 고기압 지대와 같다. 주변에 고통 가운데 있는 저기압 지대를 만나면 고기압 지대에서 저기압 지대로 불어가는 바람이 형성되어 위로와 기쁨으로 그 고통을 채우려 하는 것이다. 여기서 이 바람을 사랑이라고 부른다.

마게도냐의 그리스도인들이 행한 일이 바로 이런 것이다. "환난의 많은 시련 가운데서 그들의 넘치는 기쁨[이] … 그들의 풍성한 연보를 넘치도록 하게 하였느니라"(고후 8:2). 먼저, 복음 안에서 기쁨이 있다. 다음으로, 환난은 그 기쁨을 파괴하지 못한다. 그러면 그 기쁨이 타인에게 풍성히 흘러넘친다. 그렇게 흘러넘치는 것을 사랑이라고 부른다. 어려움에 처한 이들에게 기쁨을 나누고자 하는 충동이 없다면 거기에는 사랑이 없는 것이라고 바울은 말한다.

이 모든 내용을 한데 정리해 보면 다음과 같이 말할 수 있다. "평생 배움의 커다란 목적(진지한 기쁨의 교육)은 우리 안에 그리스도를 닮은 기쁨이 넘쳐흘러 다른 이들을 그 안으로 받아들일 때 겪게 되는 고통을 기꺼이 감내하면서도, 여전히 만물 '위에서'와 만물 '안에서' 그리스도를 즐거워함으로써 그분을 찬미하는 것이다." 굉장히 복잡한 문장이라는 것을 잘 안다. 부디 천천히 다시 읽으며 그 안에 잠겨 보길 바란다. 이러한 일이 일어나는 과정(평생 배움의 목표)을 일컬어 사랑이라 부른다(고후 8:8 참조).

만물 '안에서' 그리스도를 즐거워함

앞선 단락들에서 나는 적어도 네 번에 걸쳐 우리가 만물 '위에서'만이 아니라 만물 '안에서'도 그리스도를 즐거워해야 한다고 말했다. 그렇게 말한 이유는 무엇일까? 앞부분(만물 '위에서' 그리스도를 즐거워함)은 자명하다. 무엇이든 그리스도 위에 그것을 두려는 사람은 우상숭배자일 수밖에 없기 때문이다. 그분을 가장 귀하게 여기지 않는 것은 곧 그분의 가치를 깎아내리는 일이다. 예수님이 친히 이렇게 말씀하셨다. "아버지나 어머니를 나보다 더 사랑하는 자는 내게 합당하지 아니하고 아들이나 딸을 나보다 더 사랑하는 자도 내게 합당하지 아니하며"(마 10:37). 또한 바울 역시 "모든 것을 해로 여김은 내 주 그리스도 예수를 아는 지식이 가장 고상하기 때문이라"(빌 3:8)고 말했다.

그렇다면 평생 배움의 목표를 만물 '안에서' 그리스도를 즐거워하는 일이라고 말한 이유는 무엇일까? 그 한 가지는 하나님이 물질세계를 창조하셔서 그 '안에서' 우리가 하나님을 보고 또한 그분을 음미할 수 있게 하셨기 때문이다. 그것이 바로 세상이 존재하는 이유이다. 하나님은 세상의 즐거움을 우상숭배의 유혹 거리로 창조하지 않으셨다. 그럼에도 그렇게 되어 버린 것은 죄 때문이다. 세상이 타락하여 죄에 빠짐으로써 사실상 모든 선한 것이 그리스도를 밀어내고 우리 안에 가장 큰 보화의 자리를 차지하게 되었다.

성(性)과 음식의 계시

처음부터 그랬던 것은 아니다. 또한 그리스도 안에서 새로워진 이들에게는 그래야 할 필요도 없다. 그럼에도 우리는 바울이 피조물로부터 즐거움을 얻는 것에 관해서 했던 말들, 예컨대 음식을 절제하는 것이나 성과 혼인의 관계 등을 볼 때 이것을 알 수 있다. 디모데전서 6장 17절에서 바울은 하나님이 "우리에게 모든 것을 후히 주사 누리게" 하신다고 말한다. 또한 디모데전서 4장 3-5절에서는 음식과 성에 관해 구체적으로 언급한다. 그는 거짓 교사들의 가르침에 대해 다음과 같이 경고한다. "혼인을 금하고 어떤 음식물은 먹지 말라고 할 터이나 음식물은 하나님이 지으신 바니 믿는 자들과 진리를 아는 자들이 감사함으로 받을 것이니라 하나님께서 지으신 모든 것이 선하매 감사함으로 받으면 버릴 것이 없나니 하나님의 말씀과 기도로 거룩하여짐이라."

혼인 관계에서의 성과 절제하며 먹는 음식은 하나님이 우리에게 "후히 주사" 누리게 하시는 즐거움이다. 단지 유혹 거리에 불과한 것이 아니다. 오히려 하나님께 감사를 돌려야 하는 경배의 제목들이다. 그것들은 "하나님이 지으신 바니 … **감사함으로** 받을 것"들이다. 하나님이 지으신 것들은 "하나님의 말씀과 기도로 거룩하여"진다. "믿는 자들과 진리를 아는 자들"은 그러한 것들을 자격 없는 이들에게 주시는 하나님의 선물로 받으며, 그에 대해 하나님께 감사하는 마음을 품고, 긍휼히 주시는 그분께 감사의 기도를 드린다. 이처럼 혹 우상숭배의 도구가 될 수 있었던 것들이 도리어 거룩한 경배의 수단이 되는 것이다. 바울이 "너희가 먹든지 마시든지 … 다 하나님의 영광을 위하여 하라"(고전 10:31)라고 한 말에는 이와 같은 뜻이 담겨 있다. 먹는 것과 마시는 것이 하나님을 '대체할' 수도, 아니면 하나님을 '나타낼' 수도 있다는 말이다.

따라서 진지한 기쁨이 있는 교육의 목표는 만물 '위에서'와 만물 '안에서' 그리스도를 찬미하는 것이다. 그러나 이 '만물 안에서'라는 말은 주시는 분께 감사를 드려야 한다는 의미뿐만 아니라 좋은 것을 맛본다는 의미도 담고 있다. 하나님이 이 세상에 셀 수 없이 다양한 형태의 즐거움을 창조하신 것은 단지 감사를 받으시기 위해서만은 아니다. 그 모든 즐거움 속에서 당신의 어떠함을 드러내시기 위한 목적도 있다. "너희는 여호와의 선하심을 맛보아 알지어다"(시 34:8)라는 말씀에는 하나님이 창조 세계 안에 당신 자신을 계시하신 방식을 통해 그분이 어떤 분이신지 더욱 잘 분별하는 영적인 미각을 주신다는 의미가 담겨 있다.

예를 들어, "꿀과 송이꿀보다 더 달도다"(시 19:10)라는 말씀과 같이 꿀은 하나님의 규례에 담긴 어떤 달콤함을 드러내 보여 준다. 떠오르는 태양은 "하늘이 하나님의 영광을 선포하고 … 해를 위하여 하늘에 장막을 베푸셨도다 … 그의 길을 달리기 기뻐하는 장사 같아서"(시 19:1-5)라는 말씀처럼 하나님의 영광스러운 기쁨을 드러낸다. 혼인 잔치에서 느낄 수 있는 설렘은 장차 우리가 "어린 양의 혼인 잔치"(계 19:7, 9; 또한 마 22:2)에서 누릴 즐거움의 한 부분을 미리 보여 준다. 아침 이슬은 "내가 이스라엘에게 이슬과 같으리니"(호 14:5)라는 말씀에서 알 수 있듯 신실하지 못한 백성에게 보이시는 그분의 다정함을 드러낸다. 작물을 결실케 하는 비는 "그의 나타나심은 … 땅을 적시는 늦은 비와 같이 우리에게 임하시리라"(호 6:3)는 말씀처럼 생명을 주시는 하나님의 자비를 보여 준다. 그 밖에도 빛(요 8:12), 우렛소리(시 29:3), 독수리(마 24:28), 백합화(마 6:28), 까마귀(눅 12:24) 등 수천 가지가 넘는 하나님의 피조물은 그저 우리의 감사를 이끌어 내기 위한 선물인 것만이 아니라, 또한 그분의 완전함을 미리 맛보아 알게 하는 것들이다.

우리 연구의 초점

우리가 만물 '안에서' 하나님을 즐거워하는 것에 관해 이야기할 때 이는 하나님이 영감을 주신 '말씀'과 하나님이 만드신 '세상' 모두를 염두에 둔다. 우리는 앞서 꿀과 햇빛, 혼인 잔치와 이슬, 비와 빛, 우레와 독수리 그리고 백합과 까마귀를 보았다. 그런데 우리는 이런 것들을 하나님의 '말씀'이 아닌 그분의 '세상' 속에서 먼저 인식한다. 그리고 성경 말씀에 그 각각이 인용된 것을 본다. 그렇게 세상과 말씀을 서로 연관 짓는 일은 다음과 같은 질문들에 대한 우리의 대답이 된다. "진지한 기쁨의 교육은 어디에 초점을 맞추고 있는가? 우리는 실제로 어떤 연구를 하는가? 만약 하나님이 세상을 창조하시고 다스리시는 목표가 그분의 영광을 드러내는 데 있다면, 우리는 어디에 초점을 맞춰야 하는가? 우리는 어디서 그 영광을 보게 되는가?"

우리의 대답은 하나님께는 그분의 영감이 담긴 '말씀'과 그분이 창조하신 '세상'이라는 두 가지 책이 있다는 것이다. 이것이 바로 우리가 연구하는 것들이다. 한편에는 성경이 있고, 다른 한편에는 자연과 역사, 그리고 인간의 문화가 한데 뒤섞인 전체적인 유기체가 있다. 하나님의 창조와 성경을 두 개의 책으로 명명한 것은 우리가 처음이 아니다. 예를 들어, 1559년 귀도 드 브레(Guido DeBrès)는 네덜란드 개혁교회를 위해 벨직신앙고백서를 작성했는데, 제2항에 보면 "우리가 하나님을 아는 방법"이라는 제목하에 다음과 같은 고백을 담고 있다.

우리는 두 가지 방법을 통해 [하나님]을 알게 된다. 첫째, 온 우주를 창조하시고 보존하시며 통치하시는 것을 통해서이다. 이것은 우리 눈앞에 펼쳐진 **지극히 아름다운 책**으로서 그 안의 크고 작은 모든 피조물은 수많은 글자가 되어 우리로 하여금 하나님의 보이지 않는 특성들, 즉 로마서 1장 20절에서 사도 바울이 말한 바 있는 "그의 영원하신 능력과 신성"을 분명히 알도록 인도해 준다. 이 모든 것은 사람의 죄를 일깨우고 핑계할 수 없도록 하기에 충분하다. 둘째, 하나님은 이생에서 그분의 영광과 우리의 구원을 위해 필요한 경우에는 그분의 **거룩하고 신성한 말씀**을 통해 우리에게 자신을 보다 분명하고 온전하게 알려 주신다.[3]

하나님은 세상을 창조하셔서 그것을 통해 자신에 관한 진리를 전해 주신다. "창세로부터 그의 보이지 아니하는 것들 곧 그의 영원하신 능력과 신성이 그가 만드신 만물에 분명히 보여 알려졌나니"(롬 1:20). 다만 사람이 불의로 그 진리를 막았을 뿐이다(롬 1:18).

이렇게 죄로 인해 어두워진 상태에 대한 하나님의 대답은 세상을 버리는 것이 아니라 말씀을 주시는 것이었다. 그리고 그 일을 이루기 위해 성령의 영감으로 성경을 기록하시고 그분의 아들을 보내 주셨다. "옛적에 선지자들을 통하여 여러 부분과 여러 모양으로 우리 조상

---

3) 벨직신앙고백서, 북미기독개혁교회(Christ Reformed Church) 웹사이트, 2023년 1월 4일 접속, https://www.crcna.org/; 강조는 저자 추가.

들에게 말씀하신 하나님이 이 모든 날 마지막에는 아들을 통하여 우리에게 말씀하셨으니"(히 1:1-2). 우리는 세상 속에 드러내신 하나님의 계시가 아니라, 그리스도를 통해 전해 주신 말씀으로 죄와 어둠에서 구원을 얻는다. "하나님의 지혜에 있어서는 이 세상이 자기 지혜로 하나님을 알지 못하므로 하나님께서 전도의 미련한 것으로 믿는 자들을 구원하시기를 기뻐하셨도다"(고전 1:21).

하나님의 말씀 Word은 우리에게
하나님의 세상 World으로 나가 배우라고 한다

하지만 하나님의 말씀에 결정적인 구원의 능력과 권위가 있다고 해서 하나님의 세상이 아무런 의미가 없다는 뜻은 아니다. 성경 안에 모든 것의 결정적인 의미가 담겨 있지만, 바로 그 성경은 우리에게 세상으로 나아가 배우라고 거듭 말씀한다.

백합화와 새들을 생각해 보라(마 6:26, 28). 개미가 하는 것을 보고 지혜를 얻으라(잠 6:6). "하늘이 하나님의 영광을 선포하고 궁창이 그의 손으로 하신 일을 나타내는도다"(시 19:1). "너희는 눈을 높이 들어 누가 이 모든 것을 창조하였나 보라"(사 40:26). 또한 하나님은 말씀하시기를, 하나님 앞에 겸손히 나아오고자 한다면 눈을 들어 바다와 새벽, 눈과 우박, 비와 천체와 구름, 사자와 까마귀, 산 염소와 들나귀, 들소와 타조와 말, 그리고 매와 독수리를 바라보라고 하신다(욥 38-39장).

선지자와 사도들, 그리고 예수님이 친히 말씀하실 때 사용하신 방법들을 생각해 보자. 유추, 상징, 은유, 직유, 예증, 그리고 비유를 통해 말씀하셨다. 그렇게 하신 이유는 우리가 세상을 들여다보며 그 안에서 늘 많은 것들(포도원과 포도주, 혼인 잔치, 사자, 곰, 말, 개, 돼지, 메뚜기, 천체, 일과 품삯, 물가와 시내와 샘과 강, 무화과나무와 감람나무와 뽕나무, 가시, 바람과 폭풍, 빵과 빵 굽는 일, 군대와 칼과 방패, 양과 목자, 소, 낙타, 불, 푸른 나무와 마른 나무, 지푸라기와 그루터기, 보석과 금과 은, 법정과 재판장, 그리고 변호인 등)을 배우고 있다고 생각하셨기 때문이다.

다시 말해서, 성경은 우리가 '말씀'만이 아닌 '세상'을 알아야 한다고 전제하고 또 그것을 명한다. 따라서 우리는 '자연과 역사, 그리고 문화'라는 이름으로 하나님이 주신 '일반' 책을 배울 것이다. 그뿐 아니라 '성경'이라는 이름으로 하나님의 '특별' 책을 배울 것이다. 그렇게 하는 이유는 하나님이 그 두 곳 모두에다 그분의 영광을 드러내셔서 우리가 그 두 곳 모두에서 그분을 보고, 그 두 곳 모두에서 그분을 맛볼 뿐 아니라, 그 두 가지 모두를 통해 세상에 그분을 드러내기를 원하셨기 때문이다.

하나님의 이 두 책이 동등한 가치를 지니는 것은 아니다. 오직 성경에만 최상의 권위가 있다. 왜냐하면 하나님이 만물의 의미를 풀어낼 수 있는 열쇠를 이 성경에만 담아 두셨기 때문이다. 탁월한 학자들은 성경의 진리가 없이도 자연의 놀라운 이치를 깨우칠 수 있다. 그리고 우리 역시 그런 학자들의 책을 읽고 배울 수 있다. 그러나 하나님의 특별 계시가 없이는 핵심을 놓칠 수밖에 없다. 그것은 바로 모든 것이 그리스도께 영광을 돌리기 위해 존재한다는 사실이다. 그저 흔히 말하는 신적 존재가 아닌 하나님의 아들이시자 삼위 하나님의 영원하신 제2위 하나님 예수 그리스도께 말이다. 성경을 통해 주신 그리스도의 복음에 대한 특별 계시가 없으면 우리는 죄로 인해 어두워진 상태에 머물러 있을 수밖에 없다. 우리에게 구원자가 필요하다는 사실과 그 죄인을 구원하기 위해 그리스도께서 세상에 오셨다는 사실을 볼 수 없다. 온 우주가 오직 그분과의 관계 속에서만 궁극적인 의미를 지닌다는 사실을 보지 못하는 것이다. 가장 핵심적인 이 사실이 빠져 버리면 우리가 알고 있다고 생각하는 모든 것이 다 뒤틀리고 만다.

따라서, 그리스도인의 평생 배움(진지한 기쁨의 교육)은 성경을 연구함으로써 온전히 채워진다. 오직 성경에만 세상만사의 심오한 의미를 풀어낼 열쇠가 담겨 있기 때문이다.

하나님의 책들로 우리는 무엇을 하는가?

우리가 이 두 가지 책(하나님이 영감을 불어넣으신 말씀과 하나님이 지으신 세상) 안에 계시된 하나님의 영광에 초점을 맞추어 평생을 살아간다면, 우리는 이 책들로 무엇을 해야 하는가? 우리는 여러분이 이 평생 배움을 마치 여러 가지 학위(학사, 석사, 목회학 박사 혹은 철학 박사 등)를 수여하는 일이라고 생각하지 않기를 바란다. 그런 것들은 실제적인 배움에 부수적으로 따라올 뿐이다. 또한 교육을 주로 돈벌이 수단을 습득하는 일로 생각하지 않기를 바란다. 물론 여러분의 소명을 올바로 감당하기 위한 기능들을 습득하는 일은 중요하다. 하지만 그것이 '평생 배움'의 핵심은 아니다. 여러분이 하나님의 세상과 하나님의 말씀을 가지고 감당하기를 바라는 주된 일은 아니라는 뜻이다.

우리의 목표는 여러분 안에 결코 사라지지 않으며 평생 함께할 정신과 마음의 습관들이 잘 성장하도록 돕는 것이다. 그리하여 삶의 수많은 달콤쌉싸름한 섭리들 가운데서 여러분이 더욱더 지혜롭고 놀라운 사람으로 자라가도록 하는 것이다. 교육을 잘 받은 사람이란 학위가 많은 사람이 아니다. 오히려 평생 배우고자 하는 정신과 마음의 습관을 지닌 사람이다. 특히 어떤 직업을 갖고 있든 남은 생애 동안 그리스도를 높이는 삶을 살아가는 데 필요한 것들을 계속해서 배우고자 하는 사람이다.

정신과 마음의 여섯 가지 습관들

그리스도의 영광을 위해 평생 배우며 살기 위해서는 정신과 마음의 여섯 가지 습관을 계속해서 길러야 한다. 우리는 학생들이 정규 과정의 학업을 다 마친 후에도 그들의 배움이 멈추지 않도록 이러한 습관들을 심어 주고자 한다. 그뿐 아니라 우리 자신도 이와 같은 습관들을 기르기 위해 노력한다. 여러분이 평생 이러한 습관을 잘 기르도록 돕는 것이 내가 이 책을 쓴 이유이다.

정신과 마음의 이 습관들은 우리가 경험하는 모든 것에 적용되지만, 그중에서도 가장 중요한 것은 바로 성경이다. 왜냐하면 성경은 그 밖의 모든 현실이 어떤 의미를 담고 있는지 밝히는 본질적인 빛을 비추기 때문이다. 이러한 습관들을 기른다는 것을 다음과 같은 말로 요약할 수 있다. 우리는 다음과 같은 능력을 기르기 위해 끊임없이 노력한다.

- 세상과 말씀을 정확하고 철저하게 '관찰'하는 능력
- 우리가 관찰한 것을 명확하게 '이해'하는 능력
- 우리가 이해한 것 중에 참되고 가치 있는 것들을 분별함으로써 공정하게 '평가'하는 능력
- 우리가 평가한 것의 가치 유무를 적절하게 '느끼는' 능력
- 우리가 이해하고 느낀 것을 지혜롭고 유익하게 삶에 '적용'하는 능력
- 우리가 관찰하고 이해하고 평가하고 느끼고 적용한 것을 말과 글과 행동으로 '표현'하여, 다른 이들 역시 우리가 표현한 것의 정확성, 명확성, 진실성 그리고 그 가치와 유익함을 알고, 즐거워하고, 또 적용함으로써 그리스도께 영광이 돌아가도록 하는 능력

따라서 그러한 정신과 마음의 습관들은 다음과 같다.

- 관찰
- 이해

- 평가
- 감정
- 적용
- 표현

여러분이 성경 말씀을 읽든 아니면 미합중국의 헌법을 읽든, 혹은 유전자(DNA)의 이중나선 구조를 들여다보든, 이와 같은 정신과 마음에서 나오는 습관들은 동일하다.

1. 관찰

우리는 세상과 말씀을 본래 모습 그대로 정확하고 철저하게 '관찰'하는 능력을 기르고자 한다. 실제 모습을 있는 그대로 보는 것은 굉장히 중요하다. 이 일을 제대로 해내지 못하면 그것을 착각 혹은 맹목이라 부른다. 실제 모습을 정확하고 철저하게 보지 못하는 것은 망상의 세계로 들어서는 길이다. 이처럼 우리 앞에 놓인 사실에 둔감한 것은 바람직한 덕목이 아니다. 그 자체로도 물론 그릇된 일이지만, 나아가 우리의 이해와 평가를 왜곡하는 결과를 낳게 된다.

2. 이해

우리는 우리가 관찰한 것을 명확하게 이해하는 능력을 기르고자 한다. 이해력을 기르기 위해서는 혹독한 사고의 훈련이 필요하다. 우리의 정신은 관찰한 대상의 특징과 특색을 '이해'하기 위해 애를 쓴다.

예컨대, 한 해에서 다음 해로 넘어가면서 특정한 유형의 강력 범죄가 감소했다는 것을 관찰할 수 있다. 그다음에는 이해의 순서에 따라 이렇게 묻는다. "왜 이런 현상이 나타났지?" 혹은 성경의 마태복음을 보면 예수님의 족보에 네 명의 여성(다말, 라합, 룻 그리고 우리아의 아내)이 언급된 것을 관찰할 수 있는데, 그러고 나면 이해의 단계에서 이렇게 묻는다. "왜 이 네 명뿐이지?"

성경을 읽을 때 이해를 통해 다다라야 할 목표는 저자가 무엇을 말하고자 하는지 분별하는 것이다. 즉, 저자의 생각을 따라가는 것이 이해의 목표이다. 혹은 좀 더 정확하게 말하자면, 저자의 생각이 전달하고자 하는 실재를 보려고 하는 것이다. 따라서 저자의 목적, 궁극적으로는 하나님의 목적을 이해하는 것이 우리의 목표이다. 이 과정이 없다면 교육은 그저 우리 자신의 무지를 내보이는 것에 불과하다.

3. 평가

우리는 우리가 관찰하고 이해한 것을 공정하게 평가하는 능력을 기르고자 한다. 우리는 섣부른 가치 판단을 하지 않기를 원한다. 그러나 동시에 세밀한 관찰과 정확한 이해를 바탕으로 진리와 가치를 판단해야만 할 때에는 그것을 기피하는 것도 원치 않는다.

바로 이 점에서 우리의 기독교 세계관이 커다란 차이를 보일 것이다. 우리는 진(진리), 선(선함), 미(아름다움)의 가치를 믿는다. 또한 성경의 가르침과 성령님의 도우심을 통해 진리를 알 수 있다고 믿는다. 비록 그 앎이 무오하지는 않을지라도 실제로 가능한 일이다. 하나님의 말씀은 무오하다. 그러나 우리는 그렇지 않다. 따라서 우리는 평가를 내리기에 앞서 올바른 관찰과 올바른 이해가 '선행되는' 것이 바람직하다고 믿는다. 그렇게 하지 않으면 우리의 판단은 실재에 근거할 필요가 없다고 말하는 것과 같다. 이러한 태도를 일컬어 편견이라고 부른다. 우리는 사람들이 진실한 관찰과 이해 없이 우리를 평가하는 것을 원하지 않는다. 그러므로 우리 역시 다른 이들에게 그렇게 해서는 안 된다.

4. 감정

우리는 우리가 관찰하고 이해하고 평가한 것에 대해 올바른 감정을 갖는 능력을 기르고자 한다. 우리의 감정은 우리가 관찰하고 이해한 것에 대한 진리와 가치에서 벗어나서는 안 된다. 만약 우리가 관찰하고 이해한 것이 지옥 같은 끔찍한 현실이라면, 우리의 감정도 두려움과 공포, 그리고 연민이 뒤섞인 어떤 것이어야 한다. 만약 우리가 관찰하고 이해한 것이 천국 같은 멋진 현실이라면, 우리의 감정 역시 기쁨과 소망, 그리고 동경이 되어야 한다.

나는 이 글의 앞부분에서 하나님은 단지 알려지는 것만이 아닌 사랑과 존중, 그리고 즐거워함을 통해 영광을 받으신다는 점을 보이고자 했다. 따라서 그분의 영광에 대한(물론 그와 반대되는 것에 대해서도) 우리의 감정적 반응에는 한없이 중요한 의미가 있다. 어떤 이들은 교육이라는 일에 감정은 중요하지 않다고 생각한다. 하지만 우리는 이 감정이 필수적이라고 본다. 다시 말해 진지한 기쁨 안에서 평생 교육을 해나가는 데 있어 기도와, 마음을 바꾸시는 성령님의 능력을 의지하는 일이 반드시 필요하다.

5. 적용

우리는 우리가 관찰하고 이해하고 평가하고 느낀 것을 지혜롭고 유익하게 적용하는 능력을 기르고자 한다. 우리가 배우는 것을 지혜롭고 유익하게 적용하는 법을 알려면 사실적 지식이 아닌 지혜가 필요하다. 예를 들어, 어떤 사람이 자신의 삶에 대한 진실한 관찰과 이해와 평가를 통해 시간을 아껴야 한다고(엡 5:16) 진심으로 느끼게 되었다고 가정해 보자. 그럼 이제 어떻게 해야 하는가? 그러한 깨달음을 어떻게 '적용'해야 할까? 오직 성경과 조언, 자신의 지식과 주변의 의견 그리고 기도를 통한 묵상으로 채워진 지혜만이 에베소서 5장 16절의 말씀을 유의미하게 적용하게 한다. 평생 배우는 사람은 그가 배운 모든 것을 자신의 삶에 지혜롭게 적용하기 위해 노력한다.

6. 표현

우리는 우리가 보고 이해하고 평가하고 느끼고 적용한 것을 말과 글로 표현하는 능력을 기르고자 한다. 물론 적용과 표현 사이의 경계선은 애매하다. 어떤 사람은 표현도 일종의 적용이라고 말할 수 있다. 하지만 우리가 알고 느끼는 바를 말과 글로 표현하는 습관을 구별해서 살펴보면 도움이 된다. 기독교적 세계관에서 볼 때 우리의 관찰과 이해와 평가와 감정과 적용을 표현하는 목표는 다른 이들의 유익을 위해서다. 다시 말해, 적용과 마찬가지로 그 목표는 곧 사랑이다. 우리는 살면서 우리 자신의 모습을 효과적으로 표현함으로써 그것을 통해 다른 이들이 하나님의 영광을 보고 음미하고 또 드러내게 하는 일을 더욱 잘 감당하도록 열망하게 될 것이다.

우리와 함께하기를 초청함

이제 처음에 언급했던 존재의 이유로 다시 돌아가 보자. 하나님은 당신의 영광을 드러내기 위해 '세상'을 창조하시고 그분의 '말씀'에 영감을 불어넣으셨다. 따라서 교육을 잘 받은 사람은 하나님이 영감을 불어넣으신 그 말씀과 하나님이 지으신 세상 속에서 그분의 영광을 본다. 또한 그런 사람은 하나님의 영광을 이해하고 그것을 평가하고 느끼고 적용하고 표현함으로써 다른 사람도 그것을 보고 즐거워하게 한다. 그처럼 타인을 향하는 모습을 사랑이라 부른다. 그러므로, 평생 배움의 목표는 하나님께 영광을 돌리고 사람을 사랑하는 능력을 기르는 것이다. 우리는 정신과 마음의 이 여섯 가지 습관들이 그와 같은 성장의 과정을 잘 그려 준다고 본다. 따라서 여러분이 우리와 함께 이 과정에 동참하기를 바란다.

그러므로 평생 배움은 언제나 이 세 가지가 함께 가야 한다. 곧 실제 사람들을 관찰하는 것, 최고의 이야기들 속에 담긴 인간에 대한 분석을 읽는 것, 그리고 나아가 하나님이 아니고서는 도저히 알 수 없는 인간 본성의 깊은 것들에 대해 그분이 하신 말씀을 탐독하는 것.

1

관찰

세상과 말씀을 정확하고
철저하게 관찰하라

관찰 Observation
이해 Understanding
평가 Evaluation
감정 Feeling
적용 Application
표현 Expression

1

Observation

관찰

관찰은 실재하는 무언가를 보거나 듣거나 맛보거나 냄새 맡거나 만져 보는 행위를 뜻한다.

하지만 거기에는 오해의 소지가 있을 수 있다. 우리가 오감을 통해 경험하는 것만이 실재하는 것은 아니기 때문이다. 성경은 그저 머리가 아닌 '마음의 눈'에 대해 말하고 있다. 바울은 "너희 마음의 눈을 밝히사 그의 부르심의 소망이 무엇[인지]"(엡 1:18) 알게 하시기를 바란다고 말한다. 비록 보이지는 않아도 그리스도인이 바라는 현실이 있다는 뜻이다.

성경에는 이러한 확신이 가득 차 있다. 예수님은 그 당시 어떤 이들을 "보아도 보지 못하며"(마 13:13)라고 나무라신 적이 있다. 바울도 당시 그리스도인에 대해 "믿음으로 행하고 보는 것으로 행하지 아니함이로라"(고후 5:7)라고 말했다. 히브리서 11장 1절에서는 "믿음은 … 보이지 않는 것들의 증거"라고 했고, 베드로는 "예수를 너희가 보지 못하였으나 사랑하는도다"(벧전 1:8)라고 말했다. 성경의 이 모든 말씀은 우리의 오감으로 즉시 관찰할 수 없는 현실이 있다고 가르쳐준다.

영적 오감

그렇다고 해서 '관찰'로는 그러한 현실을 전혀 알 수 없다는 말이 아니다. 관찰의 개념을 지나치게 축소해서 우리가 관찰할 수 있는 현실을 자의적으로 제한해서는 안 된다. 우리에게 있는 오감은 각각 그에 상응하는 영적인 부분이 있다. 즉, 영적인 시각, 영적인 청각, 영적인 촉각, 영적인 후각, 그리고 영적인 미각이 있다.

시각

예를 들어, 바울은 고린도후서 4장 4절에서 "이 세상의 신이 믿지 아니하는 자들의 마음을 혼미하게 하여 그리스도의 영광의 복음의 광채가 **비치지** 못하게 함이니 그리스도는 하나님의 형상이니라"고 말했다(우리말 '비추다'로 번역된 헬라어 단어에는 '보다'라는 뜻도 있다.-역주). 여기에는 우리가 '육체적인' 시각을 통해 복음서의 이야기 속에 나타난 그리스도의 생애에 관한 사실들을 볼 수 있다는 의미가 담겨 있다. 그런데 사탄의 역사로 인해 우리는 그 이야기 속에 담긴 "그리스도의 영광의 … 광

채"를 '영적인' 시각으로 보지 못하게 되었다. 고린도후서 4장 6절에서 하나님은 이러한 현실을 다음과 같이 뒤바꾸어 주신다. "하나님께서 예수 그리스도의 얼굴에 있는 하나님의 영광을 아는 빛을 우리 마음에 비추셨느니라." 다시 말해서, 육체적인 시각에는 그에 상응하는 영적인 시각이 있다는 뜻이다.

청각

바울은 "믿음은 들음에서 나며 들음은 그리스도의 말씀으로 말미암았느니라"(롬 10:17)라고 말했다. 그런데 많은 이들이 들어도 믿음이 생기지 '않는' 이유는 무엇일까? 왜냐하면 예수님 말씀처럼 "그들이 … 들어도 듣지 못하[기]"(마 13:13) 때문이다. 말씀을 듣지만, 그리스도의 음성을 듣지 못한다. 목자의 참 목소리를 분별하지 못하는 것이다. "양들이 그의 음성을 아는 고로 따라오되"(요 10:4). "들을 귀 있는 자는 들으라(막 4:23)"고 하신 예수님의 말씀은 육체적인 귀와 그에 상응하는 영적인 귀가 있다는 뜻이다. 곧, 육체적인 청각과 영적인 청각이 따로 있다.

촉각

사도 요한은 육신을 입고 오신 영원한 생명, 곧 예수 그리스도를 만지는 것에 관해 이야기했다. "태초부터 있는 생명의 말씀에 관하여는 우리가 … 우리의 손으로 만진 바라 … 이 영원한 생명[은] … 아버지와 함께 계시다가 우리에게 나타내신 바 된 이시니라"(요일 1:1-2). 그는 마치 사도들의 손가락 끝에 영적인 눈이 달려 있다는 듯이, 만지는 것을 보는 것처럼 표현했다.

예수님도 부활하신 후 두려워하는 사도들에게 그와 같이 말씀하셨다. "나를 만져 **보라** 영은 살과 **뼈**가 없으되 너희 보는 바와 같이 나는 있느니라"(눅 24:39; 원어의 구조에 좀 더 맞는 번역은 '나를 만지고 보라'이다.-역주). 또한 의심하는 도마에게 "네 손가락을 이리 내밀어 내 손을 **보고** … 믿음 없는 자가 되지 말고 믿는 자가 되라"(요 20:27)라고도 하셨다. 만지고 보라. 그리스도를 '관찰'할 수 없는 육체적인 촉각이 있는가 하면, 땅에 엎드려 "주님이시요 나의 하나님이시니이다"(요 20:28)라고 말하게 되는 영적인 촉각이 있는 것이다.

후각

그리스도의 향기를 분별하는 영적인 후각이 있다. 바울은 이렇게 말했다. "우리로 말미암아 각처에서 그리스도를 아는 **냄새**를 나타내시는 하나님 … 우리는 구원 받는 자들에게나 망하는 자들에게나 하나님 앞에서 그리스도의 **향기**니 이 사람에게는 사망으로부터 사망에 이르는 냄새요 저 사람에게는 생명으로부터 생명에 이르는 냄새라"(고후 2:14-16). 이 말의 요점은 그리스도를 생명을 주시는 분으로 알 수 있는 참된 영적 분별(냄새)이 있는가 하면, 그러한 분별이 없어 그리스도에게서 그저 사망의 '냄새'만 맡는 이들이 있다는 뜻이다.

미각

영적인 미각이라고 하면 성찬식 자리에서 실제 빵과 포도주를 맛보는 것을 떠올릴 수 있다. 그런 생각이 틀렸다고는 할 수 없지만, 신약성경에는 그와 같은 연관성이 나타나지 않는다. 오히려 베드로는 거듭난 그리스도인에게 이렇게 말한다. "갓난 아기들 같이 순전하고 신령한 젖을 사모하라 이는 그로 말미암아 너희로 구원에 이르도록 자라게 하려 함이라 너희가 주의 인자하심을 **맛보았으면** 그리하라"(벧전 2:2-3). 우리가 다시 태어날 때 이는 마치 그리스도의 달콤함과 우리를 향한 그분의 사랑을 맛볼 수 있는 새로운 미뢰(味蕾)가 주어지는 것과 같다. 성경은 촉각처럼 영혼의 미뢰에도 눈이 있는 것 같이 말한다. "너희는 여호와의 선하심을 맛보아 **알지어다**"(시 34:8; '알지어다'로 번역된 히브리어 동사에는 '보다'라는 의미가 있다.-역주).

그저 자연적인 세상만이 아닌

우리가 이 '관찰'을 실재하는 무언가를 보고, 듣고, 맛보고, 냄새 맡고, 만지는 일이라고 정의할 때 이는 자연적이고 육체적인 감각적 행위에만 국한되는 것이 아니다. 하나님이 물질세계를 창조하시어 자신을 계시하시기 때문에, 그 세상은 우리의 육체적 감각만이 아닌 영적인 감각에도 (만일 그 감각이 살아 있다면) 하나님에 관한 무언가를 계시한다고 믿는다. 이와 관련하여 조나단 에드워즈는 다음과 같이 썼다.

하나님은 무한히 크신 분이다 … 온 창조 세계 안에서 발견할 수 있는 일체의 아름다움은 그저 무한한 빛과 영광으로 가득하신 그분에게서 뿜어져 나오는 반향에 불과하다.[1)]

창조 세계에 담긴 자연적인 아름다움은 하나님의 영적인 아름다움을 계시한다. 시인들은 하나님의 실존에서 '뿜어져 나오는' 그 실체를 그분이 지으신 것들 안에서 포착하려고 애를 썼다. 예를 들어, 제라드 맨리 홉킨스(Gerard Manley Hopkins)는 자신의 유명한 시 "하나님의 장엄함"(God's Grandeur)에서 다음과 같이 썼다.

세상은 하나님의 장엄함으로 충만하다.
마치 일렁이는 금박에서 빛이 번쩍거리듯이 빛난다.[2)]

엘리자베스 배럿 브라우닝(Elizabeth Barrett Browing)은 1856년에 쓴 자신의 서사시 "오로라 리"(Aurora Leigh)에서 마찬가지로 물질세계 안에 스며든 하나님의 신성을 보여 주었다.

---

1) Jonathan Edwards, *Two Dissertations: The Nature of True Virtue*, ed. Paul Ramsey, vol. 8, The Works of Jonathan Edwards (New Haven, CT: Yale University Press, 1989), 550-51; 조나단 에드워즈, 『조나단 에드워즈 클래식(8): 참된 미덕의 본질』, 노병기 역, 부흥과개혁사.
2) Gerard Manley Hopkins, "God's Grandeur" Poetry Out Loud, 2023년 6월 20일 접속, https://www.poetryoutloud.org/.

자연적인 것들

그리고 영적인 것들, 누가 이 둘을 나누었는가

그는 예술, 도덕, 혹은 사회적 풍조 속에서

자연의 속박을 깨뜨리고 죽음을 가져온다,

쓸모없는 그림을 그리고, 비현실적 시를 쓰며,

속된 날들을 보내고, 무지로 사람을 대한다,

틀렸다, 한마디로, 그 모든 일들이…

눈앞에 자갈이 없어도 동그란 것을 알 수 있듯이,

푸른머리되새가 보이지 않아도 천사들이 있음을 알 수 있다,

그리고 (내 가는 손목의 핏줄을 흘긋 보며),

그토록 미세한 피의 떨림에도

열렬한 영혼의 요란한 함성은

그 모습을 뚜렷이 드러낸다. 지상은 천상으로 가득하고,

또한 평범한 숲은 온통 하나님으로 불탄다,

그러나 오직 볼 수 있는 자만이, 신발을 벗고,

거기에 둘러앉아 산딸기를 딴다.[3]

그저 자연적인 세상만 존재하는 것이 아니다. 세상 모든 것이 하나님의 찬란함을 비추고, 영원의 소리를 메아리치며, 천국의 향기를

---

3) "Earth's Crammed with Heaven," Stephen Crippen (웹사이트)에서 인용, 2018년 6월 24일 접속, https://www.stephencrippen.com/.

풍겨내고, 하나님의 지혜를 맛보게 하며, 그분의 성품을 어루만지게 한다.

우리가 하나님의 세상을 향해 온전히 살아 있다면, 보고, 듣고, 냄새 맡고, 맛보고, 만지는 모든 행위는 자연적일 뿐만 아니라 또한 초자연적이다. 우리는 하나님이 만드신 것들만이 아닌 그것을 통해 드러나는 하나님의 실재를 보게 될 것이다. 하나님이 창조하신 모든 것은 그분에 관한 무언가를 보여 준다. 그러나 오직 그것을 감지할 수 있는 자연적이고 영적인 관찰 능력이 있는 이에게만 허락될 뿐이다. 그래서 하나님은 우리에게 오감을 주시되, 우리가 거듭날 때 그 모든 감각의 영적인 부분이 살아나게 하신다. 그러면 우리는 비로소 보므로 보게 되고, 들으므로 듣게 된다고 말할 수 있다.

물질세계의 영원한 의의

그러나 지금까지의 논의를 바탕으로 하나님의 초자연적 모습을 엿보는 것 외에 자연 세계는 중요하지 않다고 결론짓는다면 크게 오해하는 것이다. 이 세상의 피조물은 가려진 영광을 보기 위해 걷어치워야만 하는 거슬리는 커튼이 아니다. 만약 태양을 치워 버리면 그 안에 있는 하나님의 광채도 사라지게 된다(시 19:4-5). 만약 우렛소리를 걷어치우면 그 안에 있는 하나님의 음성도 잠잠해지는 것이다(시 29:3).

마치 일단 하나님을 보았다면 더는 물질세계 따위는 없어도 된다는 듯이, 피조 세계를 그분의 자기 계시라는 목적에 있어 부수적인 것으로 이해해서는 안 된다. 하나님은 그렇게 행하지 않으신다. 하나님은 물질이나 재료가 없이도 세상을 창조하실 수 있었다. 하나님은 그저 인간에게 있는 일체의 도덕적 속성을 포함하는 영혼만을 창조하실 수도 있었다. 하지만 하나님은 그렇게 하지 않으셨다. 사실 피조 세계에 담긴 놀라울 정도로 풍요롭고 다양한 경이로움을 바라보면, 하나님이 인간의 육체에서부터 저 끝없는 은하까지 물질세계를 창조하는 일을 기뻐하셨음을 분명히 알 수 있다. C. S. 루이스(C. S. Lewis)는 이렇게 말한다.

> 인간은 하나님보다 더 영적인 존재가 되려고 아무리 애써 봐야 소용이 없습니다. 하나님은 원래 인간을 순전히 영적인 피조물로 만들지 않으셨기 때문입니다. 이것이 그분이 떡이나 포도주 같은 물질을 사용해서 우리에게 새 생명을 주시는 이유입니다. 우리는 이것이 조잡하며 영적이지 못한 방법이라고 생각할 수 있습니다. 그러나 하나님은 그렇게 생각하시지 않습니다. 음식을 처음 만드신 분은 하나님입니다. 그분은 물질을 좋아하십니다. 그분이 물질을 만드셨습니다.[4]

---

4) C. S. Lewis, *Mere Christianity* (San Francisco: HarperOne, 2001), 63-64; C. S. 루이스, 『순전한 기독교』, 장경철, 이종태 역, 홍성사.

비물질적이고 영적인 세계를 선호하는 대신 ⑴ 하나님은 물질을 창조하셨다. ⑵ 하나님은 물질세계를 지으셔서 당신에 관한 것을 (감추시지 않고) 드러내셨다. ⑶ 하나님은 신인(神人)이신 예수 그리스도를 통해 그 물질 안으로 들어오셨다. ⑷ 하나님은 물질(인간의 말과 글이라는 언어)을 수단으로 하여 그분의 말씀을 전하셨다. ⑸ 하나님은 물질이 특정한 형태로 영원히 존재할 것이라고 가르치셨다. 그리고 ⑹ 하나님은 우리에게 물질을 관찰하고 그것으로부터 교훈을 얻으라고 명하셨다.

물질의 중요성

물질에 관한 위의 여섯 가지 진술에 대해 성경은 어떤 말씀을 하는지 하나씩 살펴보자.

1. 하나님이 물질을 창조하셨다.

"태초에 하나님이 천지를 창조하시니라"(창 1:1).

"우주와 그 가운데 있는 만물을 지으신 하나님"(행 17:24).

"만물이 그를 위하고 또한 그로 말미암은 이"(히 2:10).

"하늘과 그 가운데에 있는 물건이며 땅과 그 가운데에 있는 물건이며 바다와 그 가운데에 있는 물건을 창조하신 이"(계 10:6).

2. 하나님이 모든 물질을 그 종류대로 지으셔서 당신에 관한 것을 (감추시지 않고) 계시하셨다.

"하늘이 하나님의 영광을 선포하고"(시 19:1).

"여호와여 주께서 하신 일이 어찌 그리 많은지요
주께서 지혜로 그들을 다 지으셨으니
주께서 지으신 것들이 땅에 가득하니이다"(시 104:24).

"그러나 자기를 증언하지 아니하신 것이 아니니 곧 여러분에게 하늘로부터 비를 내리시며 결실기를 주시는 선한 일을 하사 음식과 기쁨으로 여러분의 마음에 만족하게 하셨느니라"(행 14:17).

"이는 하나님을 알 만한 것이 그들 속에 보임이라 하나님께서 이를 그들에게 보이셨느니라 창세로부터 그의 보이지 아니하는 것들 곧 그의 영원하신 능력과 신성이 그가 만드신 만물에 분명히 보여 알려졌나니 그러므로 그들이 핑계하지 못할지니라"(롬 1:19-20).

3. 하나님이 신인(神人)이신 예수 그리스도를 통해 물질 안으로 들어오셨다.

"내 손과 발을 보고 나인 줄 알라 또 나를 만져 보라 영은 살과 뼈가 없으되 너희 보는 바와 같이 나는 있느니라"(눅 24:39).

"태초에 말씀이 계시니라 이 말씀이 하나님과 함께 계셨으니 이 말씀은 곧 하나님이시니라 … 말씀이 육신이 되어 우리 가운데 거하시매 우리가 그의 영광을 보니 아버지의 독생자의 영광이요 은혜와 진리가 충만하더라"(요 1:1, 14).

"때가 차매 하나님이 그 아들을 보내사 여자에게서 나게 하시고"(갈 4:4).

"그 안에는 신성의 모든 충만이 육체로 거하시고"(골 2:9).

4. 하나님이 물질(말과 글)을 수단으로 하여 그분의 말씀을 전하셨다.

"모든 성경은 하나님의 감동으로 된 것으로 교훈과 책망과 바르게 함과 의로 교육하기에 유익하니 이는 하나님의 사람으로 온전하게 하며 모든 선한 일을 행할 능력을 갖추게 하려 함이라"(딤후 3:16-17).

"먼저 알 것은 성경의 모든 예언은 사사로이 풀 것이 아니니 예언은 언제든지 사람의 뜻으로 낸 것이 아니요 오직 성령의 감동하심을 받은 사람들이 하나님께 받아 말한 것임이라"(벧후 1:20-21).

"내가 네게 쓸 것이 많으나 먹과 붓으로 쓰기를 원하지 아니하고"(요삼 13).

5. 하나님은 물질이 특정한 형태로 영원히 존재한다고 가르치셨다.
물질은 이 시대가 끝나면 폐기될 일시적인 것이 아니다. 아래 구절들은 예수님의 육신이 실제로 부활하신 것과 모든 그리스도인이 육신으로 부활할 것을 보여 준다. 그것은 물질세계의 소멸이 아니라 갱신이다.

"[부활하신 몸으로] 예수께서 친히 그들 가운데 서서 이르시되 너희에게 평강이 있을지어다 하시니 그들이 놀라고 무서워하여 그 보는 것을 영으로 생각하는지라 예수께서 이르시되 어찌하여 두려워하며 어찌하여 마음에 의심이 일어나느냐 내 손과 발을 보고 나인 줄 알라 또 나를 만져 보라 영은 살과 뼈가 없으되 너희 보는 바와 같이 나는 있느니라"(눅 24:36-39).

"피조물이 허무한 데 굴복하는 것은 자기 뜻이 아니요 오직 굴복하게 하시는 이로 말미암음이라 그 바라는 것은 피조물도 썩어짐의

종 노릇 한 데서 해방되어 하나님의 자녀들의 영광의 자유에 이르는 것이니라"(롬 8:20-21).

"죽은 자의 부활도 그와 같으니 썩을 것으로 심고 썩지 아니할 것으로 다시 살아나며 욕된 것으로 심고 영광스러운 것으로 다시 살아나며 약한 것으로 심고 강한 것으로 다시 살아나며 육의 몸으로 심고 신령한 몸[같은 육신이지만 그 이상인 몸]으로 다시 살아나나니"(고전 15:42-44).

"참으로 이 장막[땅의 육신]에 있는 우리가 짐진 것 같이 탄식하는 것은 벗고자 함[육신 없는 영혼이 됨]이 아니요 오히려 덧입고자 함이니 죽을 것이 생명에 삼킨 바[물질적인 육신보다 덜하지 않고 오히려 그 이상인 몸] 되게 하려 함이라"(고후 5:4).

"[그리스도께서 다시 오실 때] 그는 만물을 자기에게 복종하게 하실 수 있는 자의 역사로 우리의 낮은 [물질적인] 몸을 자기 영광의 몸의 형체와 같이 변하게 하시리라"(빌 3:21).

6. 그러므로 하나님은 우리에게 물질에 주의를 기울이라 명하신다.
이는 소홀히 넘길 수 없는 말씀이다. 또한 일시적인 명령도 아니다. 이 말씀에는 영존하는 위엄이 담겨 있다. 왜냐하면 하나님의 아들이신 분께서 영원토록 하나님인 동시에 사람으로 존재하시기 때문이다.

그리스도 한 분 안에 창조주의 신성과 피조물의 인성 이 두 가지 본성이 연합되어 있다는 사실은 하나님의 영원한 뜻에 대한 증거이다. 그분의 뜻은 우리가 피조 세계 안에서 마치 다이아몬드의 수많은 단면들과 같은 하나님의 끝없는 충만을 계속해서 발견해 감으로써 그 세계로 하나님의 본성에 대한 영원한 증거를 삼는 것이다. 따라서 물질에 주의를 기울이라 하신 그 명령은 영원히 변치 않을 것이다.

"이제 모든 짐승에게 물어 보라 그것들이 네게 가르치리라
공중의 새에게 물어 보라 그것들이 또한 네게 말하리라
땅에게 말하라 네게 가르치리라
바다의 고기도 네게 설명하리라
이것들 중에 어느 것이
여호와의 손이 이를 행하신 줄을 알지 못하랴"(욥 12:7-9).

"게으른 자여 개미에게 가서
그가 하는 것을 보고 지혜를 얻으라"(잠 6:6).

"공중의 새를 보라 심지도 않고 거두지도 않고 창고에 모아들이지도 아니하되 너희 하늘 아버지께서 기르시나니 너희는 이것들보다 귀하지 아니하냐 … 들의 백합화가 어떻게 자라는가 생각하여 보라 수고도 아니하고 길쌈도 아니하느니라 그러나 내가 너희에게 말하

노니 솔로몬의 모든 영광으로도 입은 것이 이 꽃 하나만 같지 못하였느니라"(마 6:26-29).

사실, 들어가는 글에서 살펴본 바와 같이 우리는 선지자와 사도들, 그리고 예수님이 친히 말씀하실 때 사용하신 수사법들, 즉 유추, 상징, 은유, 직유, 예증 그리고 비유로 세상을 관찰하라는 소명을 받았다. 우리는 이 모든 방법을 통해 세상을 들여다보고 거기서 포도원과 포도주, 혼인 잔치, 사자, 곰, 말, 개, 돼지, 메뚜기, 천체 등 여기서 일일이 다 열거할 수 없는 많은 것들에 대해 배운다.

명백한 점: 관찰해야 할 대상이 있음

여기서 잠시 멈추어 앞에서 우리가 했던 말로부터 명백하게 유추할 수 있는 한 가지를 살펴보자. 곧 우리의 주관적인 의식 바깥에 관찰해야 할 객관적인 세계가 존재한다는 사실이다. 하나님과 그분의 창조는 나의 바깥에, 나와는 무관하게 독자적으로 존재한다. 우리가 하나님이나 그분의 방식, 혹은 그분의 생각이나 그분의 세상을 창조한 것이 아니다. 그런 것들은 그저 주어지는 것이고, 우리는 그것들을 정확하게 보든지 아니면 우리 자신을 속이든지 둘 중 하나다. 제아무리 많은 사람이 해가 빛나지 않는다고 말해도 해는 여전히 빛난다. 따라서 본 것을 그렇다고 말하는 사람은 (아무리 소수라 할지라도) 어리석지 않다.

우리가 잠시 멈추어 이토록 명백한 이야기를 하는 이유는 무엇일까? 그것은 오늘날 객관적인 실재를 믿는 것에 대해 이중적인 태도를 보이는 이들이 많기 때문이다. 한편으로, 그들은 자신의 은행 계좌가 걸린 문제에 대해서는 객관적인 액수의 돈과 객관적인 계산을 중시한다. 그런 문제에 있어서는 객관적인 옳고 그름이 존재한다고 주장하는 것이다. 그들은 계산상 착오가 일어나지 않기를 원하므로, 이때는 객관적인 실재가 존재하지 않는다는 말을 절대로 용납하지 않을 것이다. 객관적인 실재는 존재한다. 그리고 수학적인 계산 착오는 좋고 싫음의 문제가 아니다.

다른 한편으로, 그런 문제에 대해서는 객관적인 실재를 믿는다고 말하던 바로 그 사람들의 상당수가 삶의 다른 영역, 예컨대 남성과 여성이라는 객관적인 실재가 존재하는지, 또는 사람이 원하는 대로 자신의 성적 정체성을 결정할 수 있는지 등과 같은 문제에 있어서는 그러한 객관적인 실재를 부인한다. 칼 트루먼(Carl Trueman)은 지금의 시대 상황을 다음과 같이 묘사한다. "실재란 우리가 우리의 의지와 욕망에 따라 마음대로 할 수 있는 것일 뿐, 우리 자신이 반드시 따라야 하거나 혹은 수동적으로 인정해야 하는 것은 아니라는 생각, 이러한 생각들이 갈수록 더 쉬워지는 세상에 우리는 살고 있다."[5]

---

5) Carl. R. Trueman, *The Rise and Triumph of the Modern Self: Cultural Amnesia, Expressive Individualism, and the Road to Sexual Revolution* (Wheaton, IL: Crossway, 2020), 41; 칼 트루먼, 『신좌파의 성혁명과 성정치화』, 윤석인 역, 부흥과개혁사.

1947년 C. S. 루이스는 이처럼 객관적 실재를 부인하는 동일한 모습을 묘사한 적이 있다. 자신의 책 『인간 폐지』에서 그는 객관적 실재에 대한 관찰은 그저 주관적 느낌을 표현한 것에 불과하다고 주장하는 어떤 현대 교육학자들의 말을 인용했다. 그들은 이렇게 말했다.

그 사람이 "이것은 웅장하다."라고 했을 때 그는 폭포에 관해 언급하는 것처럼 보였다 … 사실 … 그는 폭포에 관한 것이 아니라 자신의 느낌에 대해 언급했던 것이다. 그가 실제로 했던 말은 '내 마음속에 **웅장함**이란 단어와 연관된 느낌이 든다', 혹은 '한마디로 해서 나는 웅장한 느낌이 든다' … 이러한 혼돈은 우리가 사용하는 언어 속에 항상 존재한다. 우리는 어떤 일에 대해 매우 중요한 말을 하는 것처럼 보이지만, 실상은 우리 자신의 느낌에 대해 말하고 있을 뿐이다.[6]

루이스는 이와 같은 견해에 반대하며 그러한 자신의 주장을 "객관적 가치의 교리, 곧 우주와 우리 자신의 존재에 관해 실제로 어떤 태도가 옳고 또 실제로 어떤 태도가 그른지에 대한 믿음"이라고 명명한다. 우주의 존재에 관한 것! 그렇다. 세상에는 실제로 관찰의 대상이 되는 것들이 있다. 우리는 자아(自我)라는 이름의 조그만 감옥에 갇혀 그저 벽에 걸린 거울들만 바라보며 살아가는 존재가 아니다. 배움의 기쁨은

---

6) C. S. Lewis, *The Abolition of Man* (New York: Macmillan, 1947), 13-14; C. S. 루이스, 『인간 폐지』, 이종태 역, 홍성사.

실제로 가능하다. 우리가 겸손히 마음을 낮춰 실재하는 것들을 관찰한다면 온 세상에 가득한 경이로운 모습들을 발견하게 될 것이다.

우리가 평생 배움의 기초 습관인 이 '관찰'을 왜 그토록 강조하는지 알게 되기를 바란다. 우리는 실제로 관찰해야 할 것들이 있다고 믿는다. 그것은 우리의 상상력의 산물이 아니다. 그것은 하나님이라는 절대적 실존에 뿌리내리고 있으며, 또한 그분이 창조하신 실제 세상에 있는 것들이다. 그 세상은 하나님이 설계하신 것이기에 실제로 하나님 자신의 실존에 관한 무언가를 전해 준다.

이것이 또한 어떻게 뒤이어 나올 모든 정신적 습관들에 전적인 기초가 되는지 볼 수 있기를 바란다. 만약 '관찰'을 위한 객관적인 대상이 없다면 '이해'할 것도, '평가'할 것도 없어진다. 따라서 우리의 모든 '감정'은 바람에 흩날리는 나뭇잎과 다를 바가 없어진다. 희생적인 사랑에 대해 어떤 이는 찬사를 보내고 또 어떤 이는 그것을 역겨워할지라도 그 누구도 틀렸다고 말할 수 없다. 왜냐하면 한 사람의 감정이 다른 이의 것보다 더 합당하다고 할 만한 객관적인 실재가 존재하지 않기 때문이다.

우리는 무엇을 관찰해야 하는가?

관찰 가능한 실재를 모조리 다 언급할 수는 없지만, 그래도 몇 가지만 언급해 보면 여러분의 관심을 최대한 끌어올리는 데 도움이 될 것이다. 그 단서가 될 만한 것들을 성경 자체에서 찾아보자.

자신을 관찰하라

여기서 우리는 몇 가지 역설에 부딪힌다. 그중 하나가 자기 성찰은 필요하면서도 또한 위험하다는 것이다. 우리가 진심으로 자기 자신에 대해 알고자 한다면 간혹가다 한 번씩 진지하게 자신을 관찰할 필요가 있다. 그런데 개중에는 '병적인 자기 성찰'도 있음을 우리는 잘 안다. 이것이 위험한 이유는 진정한 건강과 변화를 발견할 수 있는 자기 바깥의 세상과 쉽게 단절되기 때문이다.

또 다른 역설은, 예를 들어, 사람이 참된 행복과 슬픔의 본질을 관찰하기 위해 자신의 행복이나 슬픔에 초점을 맞추는 일은 이치에 맞지 않는다는 사실이다. C. S. 루이스는 다음과 같이 설명한다.

> 결혼식장에서 신랑, 신부가 포옹하는 순간에는 기쁨을 '연구'할 수 없고, 마찬가지로 회개하는 동안에는 회개를, 그리고 배꼽이 빠지게 웃고 있을 때는 유머의 본질을 분석할 수 없다. 그렇다면 언제 이러한 것들을 진정으로 알 수 있는가? **오직 앓던 이가 빠지고 나서야 비로소 나는 고통에 대한 또 한 장의 글을 쓸 수 있었다.** 그러나 일단 그 고통이 멈추고 나면 나는 과연 고통에 대해 얼마나 알고 있는 것일까?[7]

---

7) C. S. Lewis, "Myth Became Fact," in *God in the Dock: Essays on Theology and Ethics*, (Grand Rapids, MI: Eerdmans, 1970), 65-66.

이러한 역설과 걸림돌이 있음에도 우리는 할 수 있는 최선을 다해야 한다. 왜냐하면 성경이 우리에게 자기 관찰을 명하고 있기 때문이다.

"우리가 스스로 우리의 행위들을 조사하고
여호와께로 돌아가자"(애 3:40).

"그러므로 이제 만군의 여호와가 이같이 말하노니 너희는 너희의 행위를 살필지니라"(학 1:5).

"너희는 스스로 조심하라 그렇지 않으면 방탕함과 술취함과 생활의 염려로 마음이 둔하여지고"(눅 21:34).

"여러분은 자기를 위하여 또는 온 양 떼를 위하여 삼가라 성령이 그들 가운데 여러분을 감독자로 삼고"(행 20:28).

"사람이 자기를 살피고 그 후에야 이 떡을 먹고 이 잔을 마실지니"(고전 11:28).

"너희는 믿음 안에 있는가 너희 자신을 시험하고 너희 자신을 확증하라 예수 그리스도께서 너희 안에 계신 줄을 너희가 스스로 알지 못하느냐 그렇지 않으면 너희는 버림 받은 자니라"(고후 13:5).

"네가 네 자신과 가르침을 살펴 이 일을 계속하라"(딤전 4:16).

우리는 자신의 감정과 사고, 그리고 동기와 행동을 균형 있게 그리고 정직하게 관찰하되, 동시에 그리스도 안에서 용서하시는 하나님의 긍휼을 간과하지 않아야 한다. 이것이 진실한 공감과 신중함으로 다른 사람들을 이해하는 핵심 열쇠이다.

타인을 관찰하라

다른 사람의 행동과 감정과 생각을 주의 깊게 관찰하는 일에는 참으로 끝없는 교육이 필요하다. 사이코패스의 한 가지 지표는 다른 사람의 감정을 전혀 공감하지 못하는 것이다. 또 개인의 건강과 성숙함의 한 지표는 다른 사람의 입장에서 그들의 생각과 감정을 어느 정도 이해하는 동시에 자신이 얼마나 부족한지 아는 것이다. 이야말로 사랑받고 싶은 만큼 다른 사람을 사랑하는 일의 핵심이다.

히브리서 10장 24절의 "서로 돌아보아 사랑과 선행을 격려하며"라는 말씀에서 '돌아보다'의 직접적인 목적어는 '서로'이다. 즉 서로를 관찰하고 배우라는 부르심이다. 따라서 우리는 서로를 충분히 관찰하여 다른 사람을 사랑하고자 하는 마음을 격려할 수 있어야 한다.

성경은 특별히 관찰의 대상으로 지도자들을 언급하고 있다. "하나님의 말씀을 너희에게 일러 주고 너희를 인도하던 자들을 생각하며 그들의 행실의 결말을 주의하여 보고 그들의 믿음을 본받으라"(히

13:7). 사도 바울은 지도자로서 관찰의 대상이 되어야 하는 부담을 알고 있었지만 그 일을 피하지 않았다. "나를 본받는 자가 되라"(고전 4:16, 11:1). "너희는 내게 배우고 받고 듣고 본 바를 행하라"(빌 4:9). 그리고 어떤 사람들이 바울을 보고 그의 본을 따라 살아가자 그는 다른 이들에게도 "너희가 우리를 본받은 것처럼 그와 같이 행하는 자들을 눈여겨 보라"(빌 3:17)라고 말했다.

삶의 다양한 상황 속에서 필부필부의 모습을 관찰하는 것은 평생 배움의 가장 흥미롭고 유익한 일 중 하나이다. 하지만 거기에는 한계도 있다. 전도서를 보면 인간의 삶을 그저 관찰하기만 하는 것은 허무한 일이라고 말한다. "내가 마음을 다하여 … 세상에서 행해지는 일을 보았는데 … 내가 하나님의 모든 행사를 살펴보니 해 아래에서 행해지는 일을 사람이 능히 알아낼 수 없도다"(전 8:16-17; 참조 3:10-11).

이 말씀은 우리가 인간의 행동을 올바로 통찰하기 위해서는 다른 도움이 필요하다고 일깨워 준다. 대부분 그러한 일은 책을 통해, 특히 '유일한' 책, 곧 성경을 통해 일어난다. 예를 들어, 기독교 상담가이자 교사였던 데이비드 폴리슨은 인간의 본성에 대한 자신의 관찰은 소설과 역사서 등 위대한 문학 작품들을 읽음으로써 놀라울 정도로 깊어졌다고 설명했다. 그는 도스토옙스키(Fyodor Dostoyevsky)의 『죄와 벌』, 엘렌 페이턴(Alan Paton)의 『울어라 사랑하는 조국이여』, 그리고 마크 헬프린(Mark Helprin)의 『위대한 전쟁의 한 병사』 등을 언급했다.

물론, 내가 [그런 책들을] 사랑하는 것은 성경을 사랑하는 것과는 다릅니다. 하지만 나는 성경과 함께 소설과 역사서를 가장 사랑합니다. 왜냐하면 사람에 대해 배울 수 있기 때문입니다. 인류가 경험한 것들을 맛볼 수 있습니다. 그저 살다 보니 알게 된 사람들에게서는 결코 배울 수 없는 풍성하고 세밀한 것들을 이해하게 됩니다. 사람들 사이의 서로 다른 점들, 그리고 우리 모두에게 동일하게 존재하는 공통점들을 이해하게 됩니다. 이는 참으로 값진 지혜입니다. 더 넓은 통찰력을 지닌 더 큰 사람이 되는 것이지요. 여러분이 알게 되는 그 모든 것들은 우리 하나님과의 관련성과 지혜를 더욱 크게 잘 드러내 줍니다.[8]

인간의 본성에 대해 알고자 할 때 하나님의 무오한 말씀인 성경을 대체할 수 있는 것은 없다. 그러므로 평생 배움은 언제나 이 세 가지가 함께 가야 한다. 곧 실제 사람들을 관찰하는 것, 최고의 이야기들 속에 담긴 인간에 대한 분석을 읽는 것, 그리고 나아가 하나님이 아니고서는 도저히 알 수 없는 인간 본성의 깊은 것들에 대해 그분이 하신 말씀을 탐독하는 것이다. 데이비드 폴리슨은 그리스도의 가르침은 세상을 대항하는 결정적이고 필수 불가결하며, 무엇보다 가장 권위 있는 하나

---

[8] David Powlison, "A Novel Every Christian Should Consider Reading," Justin Taylor 블로그, The Gospel Coalition, 2014년 8월 29일 접속, https://www.thegospelcoalition.org/. 데이비드 폴리슨이 했던 이 말은 내가 "위대한 사명을 수행하기 위해 가장 위대한 책을 바탕으로 한 여러 위대한 책들"(https://bcsmn.edu/college/)이라는 좌우명을 근간으로 하는 베들레헴대학의 교육 방침을 사랑하는 한 가지 이유이다.

님의 말씀이라는 절대적인 확신이 있었다. 하지만 그는 세상이 그리스도라는 열쇠를 기다리는 보물 상자라는 사실 또한 알고 있었다.

성경을 관찰하라

성경의 존재 자체가 독서 교육의 중요성을 역설한다. 또한 독서 교육은 글자를 통해 단어를, 단어를 통해 글귀를, 글귀를 통해 문장을, 문장을 통해 문단을 관찰하는 법과, 나아가 그 모든 것이 어떻게 실재와 소통하는지를 배운다는 의미가 있다. 세상 무엇보다 독서 능력을 강조하는 가장 중요한 논거는 바로 하나님이 당신 자신을 '한 권의 책' 안에 무오하게 계시하셨다는 사실이다.

성경이 한 권의 책이라는 사실과 그 책이 하나님의 영감으로 기록되었다는 사실, 이 두 가지 사실 안에 그 책을 어떻게 읽어야 하는지에 관한 내용이 가득 차 있다. 한편으로, 성경은 평범한 인간의 언어로 기록되고 또 이해할 수 있는, 다시 말해 실제 인간의 책이다. 다른 한편으로, 성경은 하나님의 영광을 담은 초자연적인 빛을 발한다. 그 말은 곧 성경을 읽는 일에는 자연적인 독서 그 이상이 요구된다는 뜻이다. 그 이하가 아닌 그 이상, 자연적일 뿐만 아니라 '그에 더해' 초자연적인 읽기가 필요하다. 그중 어떤 하나라도 빠져 버리면 하나님의 말씀을 올바로 읽지 못하게 된다.[9]

---

9) 바로 이 점이 내가 쓴 다음 책의 요점이다. *Reading the Bible Supernaturally: Seeing and Savoring the Glory of God in Scripture* (Wheaton, IL: Crossway, 2017); 『존 파이퍼의 초자연적 성경 읽기: 하나님을 경험하는 말씀 읽기』, 홍종락 역, 두란노서원.

예수님은 성경을 바르게 읽는 것을 매우 강조하셨다. 그분은 여섯 차례에 걸쳐 동시대 유대 지도자에게 "읽지 못하였느냐"(마 12:3-5; 참조 19:4; 21:16, 42; 22:31)라며 충격적인 꾸지람을 하셨다. 곧 그들이 읽었던 모든 글과 그 읽은 것을 통해 알게 된 모든 지식에 비해 그들이 지금 하는 말은 마치 아무것도 읽지 않은 것 같다는 뜻이다. 이것은 우리 모두에게 하나님의 말씀을 올바로 읽으라는 엄중한 경고와 도전의 메시지이다. 그분의 말씀을 가지고 장난치지 말라는 뜻이다. 또한 말씀 안에 자신의 생각을 집어넣지 말고, 거기서 오직 하나님의 생각만을 읽어야 한다는 뜻이다. 예수님의 이 말씀이 올바른 독서를 통한 평생 성장의 밑거름이 되게 해야 한다. 그리고 올바른 독서는 무엇보다도 올바른 관찰이다.

독서는 관찰이다

독서가 관찰을 대체한다고 생각하는 사람이 있을 수 있다. 범죄가 일어나는 장면을 직접 관찰할 수도 있지만, 범죄가 일어나는 모습을 글로 읽는 것도 가능하다. 사실이다. 하지만 독서가 관찰을 대체하는 것은 아니다. 그것은 관찰의 한 형태로 다른 관찰을 대신할 뿐이다. 만약 우리가 세상을 오직 책을 통해서만 관찰한다면, 그 책이 설사 '성경'이라 할지라도, 우리는 진정한 사람이 아니다. 성경과 모든 위대한 책들은 우리에게 책을 떠나 혈과 육이 있는 사람들에게 돌아가라고 말한다. 반대로 우리가 세상을 관찰하기 위해 책을, 특히 '성경'을 전혀 펼치지 않는다면, 우리의 지식은 매우 제한될 것이다.

그 이유는 우리의 일상은 우리가 책을 통해 만날 수 있는 세상에 비해 굉장히 제한되어 있기 때문이다. 설사 우리가 세계 여행을 다닌다 할지라도(대부분의 사람들은 그렇게 하지 못하지만), 이 사실은 크게 달라지지 않는다. 우리는 책을 읽음으로써 다른 세상, 다른 시간, 그리고 다른 시각을 우리의 것으로 만들 수 있다. 그리고 성경은 우리의 독서가 헛된 방향으로 치우치지 않도록 붙잡아 주는 나침반이다. 성경 안에 온전히 잠겨 있으면 무엇을 읽든지 그 안에서 범사에 헤아려 좋은 것을 취할 수 있다(살전 5:21).[10]

합의점 찾기

세심한 독서를 위해서는 두 가지 기본적인 관찰 행위가 있어야 한다. 첫 번째는 '합의점 찾기'이다. 유익한 독서가 되려면 독자는 저자와 '합의점을 찾아야' 한다. 그 말은 독자와 저자가 책에 쓰인 용어들을 같은 의미로 이해해야 한다는 뜻이다. 이에 대해 모티머 애들러(Mortimer J. Adler)는 다음과 같이 설명한다. "만약 저자가 어떤 단어를

---

10) 책 전체가 유익한 독서를 위한 관찰 방법에 대해 기록하고 있다. 우리는 다음의 책들을 추천한다. Mortimer J. Adler and Charles Van Doren, *How to Read a Book: The Classic Guide to Intelligent Reading* (New York: Touchstone, 1972); 모티머 J. 애들러, 찰스 반 도렌, 『생각을 넓혀주는 독서법』, 독고 앤 역, 시간과공간사; Andrew Naselli, *How to Read a Book: Advice for Christian Readers* (Moscow, ID: Canon Press, 2024); Piper, *Reading the Bible Supernaturally* ; 파이퍼, 『존 파이퍼의 초자연적 성경 읽기』(특히 23장을 참조).

이런 의미로 사용했는데 독자는 그것을 다른 의미로 읽는다면, 그 단어는 두 사람 사이에서 허비된 것이고 그들은 합의점에 도달하지 못한 것이다 … 따라서 성공적인 의사소통이 이루어지려면 양편이 같은 단어를 '같은 의미로' 사용하는 것, 한마디로 합의점에 이르는 것이 필요하다. 그렇게 되면 의사소통이 이루어지고 두 사람의 생각이 하나가 되는 이상동몽(異床同夢)의 기적이 일어난다."[11]

명제들의 상호관계 찾기

사실, 그것만으로는 정확하다고 할 수 없다. 정확한 의사소통은 단순히 합의점 찾기에만 달려 있지 않다. 애들러의 말처럼 그것은 또한 명제 그 자체와 명제들 사이의 관계를 관찰하는 것에 달려 있기도 하다. 이것이 독서에 필요한 두 번째 기본적인 관찰 행위이다. 단어나 용어는 그 자체로는 분명한 의미를 전달하지 않는다. 그래서 맥락이 필요하다.

맥락은 단지 여러 단어들이 있다고 해서 형성되는 것이 아니고, 단어의 조합으로 이루어진 문장으로 형성된다. 그렇게 형성된 문장이 어떤 분명한 의미를 제시할 때 우리는 그것을 명제라고 부른다. 글을 읽을 때는 단지 단어들만 관찰하는 것이 아니라 그 단어들이 어떻게 명제를 이루는지, 그리고 그 명제들 서로 간에 어떤 관계가 있는지를

---

11) Adler and Van Doren, *How to Read a Book*, 96-97; 애들러, 반 도렌, 『생각을 넓혀주는 독서법』.

관찰하는 일이 꼭 필요하다. 그 단계에 이르기 전까지는 그저 부분적인 의사소통만 이루어질 뿐이다.

우리는 대부분 이러한 작업을 의식하지 않고 직관적으로 한다. 좋은 일이다. 하지만 성경과 기타 최고의 작품들 안에 들어 있는 보물은, 명제를 찾고 그 명제들 상호 간의 관계를 밝혀내는 보다 의식적이고 세밀한 정신 작용 없이 스스로 드러나지 않는다. 예를 들어, 로마서 1장 14-17절의 명제들을 생각해 보자.

"헬라인이나 야만인이나 지혜 있는 자나 어리석은 자에게 다 내가 빚진 자라 **그러므로** 나는 할 수 있는 대로 로마에 있는 너희에게도 복음 전하기를 원하노라 [**왜냐하면**] 내가 복음을 부끄러워하지 아니하노니 [**왜냐하면**] 이 복음은 모든 믿는 자에게 구원을 주시는 하나님의 능력이 됨이라 먼저는 유대인에게요 그리고 헬라인에게로다 [**왜냐하면**] 복음에는 하나님의 의가 나타나서 믿음으로 믿음에 이르게 하나니"(강조는 저자 추가; 괄호 안의 접속사들은 한글 성경에는 나타나지 않지만, 헬라어 성경과 영어 성경에는 지속적으로 나타난다.-역주).

15절 서두에 나오는 '그러므로'는 바울이 로마에서 복음을 전하고자 하는 열망이 14절에 나타나는 모든 사람에게 빚진 마음에서 비롯된 것임을 보여 준다. 그런데 16절 서두의 '왜냐하면'은 복음을 전하고자 하는 그의 열망이 또한 복음을 부끄러워하지 않는 마음에서 솟아나고 있다는 사실도 보여 준다. 그리고 16절 중간에 나오는 '왜냐하면'은 바울이 복음을 부끄러워하지 않는 이유가 무엇인지를 보여 주는데, 그것은 곧 복음이 구원하시는 하나님의 능력이기 때문이다. 다음으로 17절 서두에 있는 '왜냐하면'은 복음이 하나님의 능력인 이유를 제시하는데, 그것은 바로 복음 안에 하나님의 의가 나타나기 때문이다.

이렇게 이 본문에는 모두 다섯 개의 명제들이 있고, '그러므로'와 '왜냐하면'(세 번)이라는 접속사를 통해 그들 상호 간의 관계가 표시되어 있다. 글을 읽을 때 필요한 이와 같은 관찰은 다음 장에서 살펴볼 '이해'의 밑바탕이 된다.

단어가 '용어'가 되고, 문장이 논리적으로 연결된 '명제'가 될 때 이해라는 기적, 곧 '이상동몽의 기적'이 일어난다.

예수님을 관찰하라

우리가 세상과 말씀을 관찰할 때 놓쳐서는 안 될 가장 중요한 실재는 그리스도이시다. 모든 창조 세계가 존재하는 이유가 바로 이것이다. "만물이 다 그로 말미암고 그를 위하여 창조되었고"(골 1:16). 여기서 "그를 위하여"라는 말은 창조된 모든 것이 그리스도의 아름다운 덕을 드러내기 위해 존재한다는 뜻이다. 따라서 예수님도 말씀하시기를, 세상은 물론이요 모든 성경이 다 그분을 가리키는 것이라고 하셨다. "이에 모세와 모든 선지자의 글로 시작하여 모든 성경에 쓴 바 자기에 관한 것을 자세히 설명하시니라"(눅 24:27).

성경은 암묵적으로나 명시적으로나 '예수님을 관찰하라'고 말씀한다. "그러므로 함께 하늘의 부르심을 받은 거룩한 형제들아 우리가 믿는 도리의 사도이시며 대제사장이신 **예수를 깊이 생각하라**[주의 깊게 관찰하라]"(히 3:1). 세상 어디에도 예수님 자신, 특히 "그리스도의 영광의 복음의 광채"(고후 4:4)를 비추시는 그분을 관찰하는 것보다 더 중요한 대상은 없다.

관찰 방법

관찰하는 습관에 대해 앞서 우리가 했던 말들 안에 그 방법이 다 내포되어 있다. 하지만 그중 몇 가지를 명확하게 제시하면서 이번 장을 마무리하고자 한다.

1. 겸손하게 기도하며 말씀과 세상을 관찰하라

우리는 하나님이 아니다. 따라서 우리는 진리나 선, 혹은 아름다움의 척도가 아니다. 오직 하나님만이 그러하시다. 그분은 세상 곳곳에 충만히, 그리고 말씀 안에서 결정적으로 자신을 계시하셨다. 그 실재는 우리 바깥에 존재하며, 우리는 그것을 좌지우지할 수 없다. 그분은 그저 스스로 존재하신다. 우리가 할 수 있는 일은 그분을 보고 경탄하는 것이다. 의미를 창조하는 것이 아니라 발견하는 것이다. 이 모든 일 앞에서 우리는 겸손할 수밖에 없다.

또한 우리는 하나님의 도우심이 필요함을 보게 된다. 우리는 유한하고, 오류가 많으며, 타락한 존재이다. 하나님이 긍휼을 베푸시어 그리스도를 통해 우리를 구원하시지 않는다면, 우리의 관찰은 우리 자신의 욕망과 두려움과 탐욕으로 왜곡될 것이다. 그것이 바로 우리가 기도하는 이유이다. 하나님이 우리의 눈을 열어 실재를 보게 해달라고 구하는 것이다. "내 눈을 열어서 주의 율법에서 놀라운 것을 보게 하소서"(시 119:18).

이러한 기도는 단지 성경에 대해서만이 아니라 모든 관찰에 다 해당한다. 평생 배움이라는 목표를 염두에 두고 우리는 매일 다음과 같은 기도로 시작해야 할 것이다. "주님, 그리스도 안에서 긍휼을 베푸셔서 오늘 제가 진리를 바라보게 하십시오. 매 순간 저의 눈을 여셔서 주님의 말씀과 주님의 세상이 드러내고자 하는 실재를 보게 하여 주십시오."

2. 끈기 있게 인내하며 말씀과 세상을 관찰하라

본서의 부록에는 "아가시와 물고기"라는 유명한 이야기가 첨부되어 있다. 어떤 분들에게는 이 이야기가 끈기 있게 인내하며 관찰하는 것의 중요성을 발견하는 계기가 될 것이다. 이 이야기는 하버드 대학의 교수였던 루이 아가시(Louis Agassiz)가 박물학자가 되고자 하는 한

학생에게 죽은 물고기를 주며 그것을 살펴보고 보고하라고 했던 일화를 담고 있다. 10분이 지난 뒤 그 학생은 보아야 할 것은 다 보았다고 생각했다. 하지만 교수에게 보고했을 때 돌아온 대답은 "계속해서 보라."는 것이었다.

"그거 좋군, 그거 좋아!" 교수님은 반복해서 말씀하셨다. "하지만 그게 전부는 아닐세. 계속하게나." 그렇게 사흘이나 교수님은 그 물고기 외에는 다른 어떤 것도 보지 못하게 했고, 또 인위적인 도구도 전혀 사용하지 못하게 했다. 그저 "보게나, 보게나, 보게나!" 이 말만 거듭할 뿐이었다.[12]

3일 후 그 학생은 상상도 하지 못했던 것을 보게 되었다. 여러분은 어쩌면 물고기 한 마리 때문에 3일의 시간을 보내는 것은 쓸모없는 일이라고 생각할 수도 있다. 하지만 장담하건대, 하나님이 말씀하신 성경 구절과 하나님이 지으신 세상의 영광은 세 시간, 혹은 사흘 동안 세밀히 관찰해도 아깝지 않다. 대부분의 사람들이 저지르는 실수는 고작 몇 분 동안 지켜보다가 그 안에 어떤 가치를 발견하지 못하면 다른 데로 눈을 돌리거나, 혹은 주석을 펼쳐 들거나, 대신 다른 사람에

---

12) Horace E. Scudder, ed., *American Poems: Longfellow, Whittier, Bryant, Holmes, Lowell, Emerson; with Biographical Sketches and Notes*, 3rd ed. (Boston: Houghton, Osgood, 1879).

게 물어봐야 한다고 생각하는 것이다. 하지만 인내와 적극적인 관심을 두고 바라보면 상상하지도 못했던 것을 보게 된다는 사실을 많은 이들이 깨닫는다.

미국사 분야에서 존경받는 역사가인 데이비드 맥컬로프(David McCullough)는 아가시와 물고기 이야기를 알게 되었고, 그래서 자신의 책상 앞에 "너의 물고기를 보라(Look at your fish)."라는 문구를 붙여 놓았다. 맥컬로프는 자신의 학생들에게 이렇게 말했다. "통찰력은 대개 새로운 것을 발견하기보다는 모든 사람 앞에 놓인 것을 쉬지 않고 쳐다봄으로써 찾아올 때가 많다."[13]

관찰은 능동적인 행위다. 하지만 관찰하거나 응시하는, 혹은 보는(TV나 인터넷 영상 같은 것들) 행동은 수동적인 것이라고 오해하는 이들이 많다. 가만히 있으면 볼거리들이 우리에게 주어진다고 생각하거나, 혹은 우리가 보는 대상 자체는 능동적이어도 우리는 수동적이라고 생각하는 경향이 있다. 오락거리에 대해서는 그 말이 맞을 수도 있다. 하지만 평생 배움에 대해서는 사실이 아니다. 인간의 정신은 스펀지처럼 작동하지 않는다. 오히려 의미 있는 단서를 찾기 위해 적극적이고 능동적으로 우리의 정신을 사용해야 한다. 그리스도인의 정신은 다음과 같은 양심의 외침을 듣는다. "보라! 들으라! 보이는 것에 세심한 주의를 기울이라. 단서를 찾으라. 적극적으로 관찰하라. 부단히 주의를

---

13) Austin Kleon, "Look at Your Fish," Austin Kleon (웹사이트), 2018년 9월 17일 접속, https://austinkleon.com/에서 인용.

기울이라. 꾸준히 지켜보라. 관계를 찾으라. 패턴을 발견하라. 질문을 던지라."

물론, 이렇게 적극적으로 주의를 기울이는 것에는 기독교적 전제가 바탕에 깔려 있다. 그 전제는, 우리는 수동적으로 즐거움을 얻기 위해서가 아니라 능동적으로 사랑을 전하기 위해 이 세상을 살아간다는 것이다. 우리가 능동적으로 세상과 말씀을 바라보는 목적은 더욱더 지혜롭고 사랑이 넘치는 삶을 살기 위해서다. 한 단락 안에서 계속 반복되는 구절을 관찰하면 생명을 주는 통찰을 얻을 수 있다. 이는 마치 사냥꾼이 눈 덮인 산길에서 동물의 발자국을 따라가면 식량이 어디에 숨어 있는지 알게 되는 것과 마찬가지다. 또한 여성의 눈에 맺힌 눈물 덕분에 더욱 유익한 상담 시간을 가질 수도 있다. 이처럼 실재를 올바로 보지 못한다면 마땅히 해야 할 일을 하지 못하게 될 것이다.

3. 정확하고 철저하게 말씀과 세상을 관찰하라

예수님이 "보아도 보지 못하며 들어도 듣지 못하며"(마 13:13)라고 말씀하신 이유, 또 항상 율법을 읽으며 살았던 그 당시 종교 지도자에게 "너희가 읽어 본 일이 없느냐"(마 21:16)라고 물으신 이유는 우리가 불완전하고 부정확하게 보는 일이 있음을 분명히 하시기 위해서였다. 성경은 처음부터 끝까지 '미혹'에 대해 경고하고 있다. "미혹을 받지 말라"(고전 6:9; 15:33; 갈 6:7; 약 1:16). 그 말은 곧 실재를 보려고 해야 한다는 의미이다.

'철저하게' 관찰하라는 말이 하나도 빠짐없이 관찰하라는 뜻은 아니다. 그런 일은 하나님만 하실 수 있다. 유한한 인간에게는 언제나 더 보아야 할 것이 남아 있는 법이다. 이 말의 의미는 실재를 충분히 살펴서 거기서부터 정확하지 않은 결론을 도출하지 않기 위해 노력하라는 뜻이다. 즉, 철저함이란 정확성을 확보하기 위해 충분히 보는 것을 말한다. 그 목표는 전지(全知)함이 아니다. 그보다는 하나님의 말씀과 세상 속에 무엇이 실재하는지 관찰하여 거기서 진리를 이끌어내는 것이다. 따라서 철저한 관찰이란, 충분히 살펴본 결과 우리가 본 것이 정말로 그러하다고 생각할 만한 합당한 이유가 있다고 결론짓는 것을 말한다.

4. 우리의 소명을 이루는 데 유익한 것을 관찰하는 일에 특별한 노력을 기울이라

관찰의 대상이 되는 실재는 수없이 많다. 하나님 외에는 어떤 인간도 그 모든 것에 대해 적극적인 주의를 기울이기는 고사하고 그것들을 다 볼 수조차 없다. 따라서 어쩔 수 없이 선택해야만 한다. 이 땅에서 우리에게 허락된 삶은 단 한 번뿐이다. 그리고 그중 3분의 1은 잠자는 데 사용한다. 하나님은 우리에게 "너희가 어떻게 행할지를 자세히 주의하여 지혜 없는 자 같이 하지 말고 오직 지혜 있는 자 같이 하여 세월을 아끼라 때가 악하니라"(엡 5:15-16)라고, 그리고 "외인에게 대해서는 지혜로 행하여 세월을 아끼라"(골 4:5)라고 촉구하신다.

우리의 소명이 관찰의 우선순위를 결정한다. 당신은 부모인가? 당신에게 부모가 있는가? 형제와 자매는? 어머니와 아버지? 혹은 할아버지와 할머니나 손주들이 있는가? 이웃? 직원? 관리자? 고용주? 집주인? 과학자? 교인? 장로? 교사? 코치? 시민? 시장? 여러분을 부르신 그 각각의 위치에 따라 여러분이 무엇을 관찰하는 데 시간을 써야 하는지, 즉 '말씀'의 어떤 부분을 가장 집중해서 관찰해야 하며 이 '세상'의 어떤 측면을 가장 주의 깊게 연구해야 하는지 초점을 맞출 수 있다. 하나님이 여러분을 어떤 관계 속에 두셨든 그곳이 여러분을 부르신 소명의 자리이고, 바로 그 자리에서 여러분은 "눈가림만 하여 사람을 기쁘게 하는 자처럼 하지 말고 그리스도의 종들처럼 마음으로 하나님의 뜻을 행하고 기쁜 마음으로 섬기기를 주께 하듯 하고 사람들에게 하듯 하지 말라"(엡 6:6-7)라는 말씀을 이루어야 한다.

바울이 디모데에게 "너는 진리의 말씀을 옳게 분별하며 부끄러울 것이 없는 일꾼으로 인정된 자로 자신을 하나님 앞에 드리기를 힘쓰라"(딤후 2:15)라고 했던 이 원리는 그저 목사나 말씀을 가르치는 장로에게만이 아니라 우리 모두에게도 적용된다. 우리의 소명을 따라 아름다운 덕을 추구하는 것은 사람들에게 좋은 인상을 주기 위해서가 아니다. 그것은 하나님께 영광을 돌리기 위해서다. 우리가 그분의 말씀과 세상을 관찰하는 이유는 진리를 알고 그분을 섬기는 일을 지혜롭게 감당하기 위해서다.

복이 있는 눈

평생 배움이라는 우리의 순례길에서 첫 번째로 다룬 가장 기본적인 마음과 정신의 습관은 바로 '관찰'이다. 그것은 곧 기쁨이자 또한 본분이다. 하나님의 말씀과 세상은 우리의 기쁨과 열매 맺음을 위해 주어졌다.

미국인에게 C. S. 루이스를 소개하기 위해 그 누구보다 노력했던 클라이드 킬비(Clyde Kilby)는 자신의 기쁨과 건강한 유익을 위해 몇 가지 결단을 내렸다. 그중 한 가지는 그저 즐거움을 위한 관찰을 하는 것이었다.

> 나의 눈과 귀를 열 것이다. 하루에 한 번은 그저 나무와 꽃과 구름, 그리고 사람을 쳐다볼 것이다. 그러고 나서는 그것이 무엇인지 전혀 궁금해하지 않고 그저 그 존재 자체를 기뻐할 것이다. 나는 기쁨에 겨워 그 모든 것들에 루이스가 말한 "신성하고, 불가사의하고, 소름 돋고 황홀한" 존재의 신비를 부여할 것이다.[14]

이러한 기쁨은 하나님이 주시는 선물이다. 그 기쁨의 순간에 우리는 전략을 짜거나 계획을 세우지 않는다. 또한 남을 의식하는 기쁨은

---

14) John Piper, "Clyde Kilby's Resolutions for Mental Health and for Staying Alive to God in Nature," Desiring God, 1990년 8월 27일 접속, https://www.desiringgod.org/.

자신을 파멸하는 길이기도 하다. 하지만 그럼에도 그리스도인의 마음속에는 하나님이 주시는 모든 선물은 그것을 통해 다른 사람에게 유익이 되기를 기뻐할 때 가장 온전히 누릴 수 있다는 사실이 깊이 새겨져 있다. 이것이 바로 관찰이 우리의 본분인 이유이다. 우리가 하나님이 어떤 분이신지, 그분의 실존을 보게 될 때 즐거움의 충동과 사랑의 충동은 하나가 된다. 바로 그때 "너희가 보는 것을 보는 눈은 복이 있도다"(눅 10:23)라는 말씀이 진리임을 알게 될 것이다.

하나님의 세상과 말씀 안에는 우리의 이해력을 넘어서는 것들도 있다. 우리는 하나님이 아니기 때문이다. 하지만 평생 배움의 목표는 우리가 관찰한 것을 이해하고, 나아가 하나님께 영광 돌리고 다른 사람을 섬기는 데서 기쁨을 누리며 살기 위해 가능한 한 많은 것을 이해하는 것이다.

2

이해

관찰한 것을 명확하게
이해하라

관찰 Observation

이해 Understanding

평가 Evaluation

감정 Feeling

적용 Application

표현 Expression

2

Understanding

이해

'명확하게' 이해하라는 말은 '혼란스럽지 않게' 이해하라는 뜻이다. 만약 하나님의 말씀과 하나님의 세상에서 흥미로운 것들을 관찰하고서도 혼란에 빠진다면 만족을 누리지 못할 것이다. 우리는 가능한 한 주어진 상황을 어떻게 이해해야 하는지 아는 능력을 기르고자 한다. 물론 그것이 가능하지 않을 수도 있다. 분명하지 않거나 진실하지 않아서 이해하기 어려운 책이나 기사, 이메일 등이 있다. 또한 하나님의 세상과 하나님의 말씀 안에는 우리의 이해력을 넘어서는 것들도 있다. 우리는 하나님이 아니기 때문이다. 하지만 평생 배움의 목표는 우리가 관찰한 것을 이해하고, 나아가 하나님께 영광 돌리고 다른 사람을 섬기는 데서 기쁨을 누리는 삶을 살기 위해 가능한 한 많은 것을 이해하는 능력을 기르는 것이다.

이해한다는 것은 무엇을 뜻하는가?

대부분 그렇듯이 정의를 내리기보다는 실례를 드는 편이 더 쉽다. 잠시 후에 적절한 실례를 살펴보겠지만, 그전에 적어도 '이해'의 정의를 제시하려는 노력은 필요한 것 같다. 이해는 여러 가지 상황을 종합적으로 파악하여 타당한 결론에 도달하기 위한 정신적 작용을 일컫는다. 물론 이는 상당히 모호한 개념이라는 것을 안다. 왜냐하면 이해의 대상에는 여러 가지 다른 정황들, 예컨대 우편물을 뜯어볼 때의 행동이나 날씨의 변화, 그리고 성경에 있는 명제 등도 포함되기 때문이다. 이해가 필요한 이 세 가지 정황의 공통점은 모두 도출해야 할 타당한 결론이 존재하며, 그 결론에 도달하기 위해 함께 고려해야 할 것들이 있다는 점이다. 이해는 그런 여러 가지 상황들이 함께 맞물려 타당한 결론에 다다르는 과정을 보는 것이다.

이해의 실례

실례 1. 여러분이 주방의 식탁 옆에 서서 우편물을 뜯어보고 있다고 생각해 보자. 그중에는 소중한 친구들이 당신의 생일을 축하하며 보내온 카드가 있다. 하지만 당신은 그 카드를 읽지도 않고 식탁 위에 던져 놓고는 계속해서 다른 우편물을 뜯어본다. 그런데 바로 그 장면을 카드를 보낸 친구들이 관찰하고 있다고 생각해 보자. 그들은 자신이 관찰한 것의 의미를 이해할 수 있을까? 아마 그들은 그 카드가 당신에게는 별 의미가 없고 따라서 읽을 필요도 없는 것이었다고 생각할 수 있다. 다른 우편물과 별반 차이가 없다고 말이다.

하지만 그것은 완전히 오해일 수도 있다. 사실은 당신에게 이 카드는 너무도 큰 의미가 있어서 식탁 옆에 서서 다른 우편물과 함께 대충 읽고 싶지 않았다. 그래서 옆에 따로 빼두었다가 나중에 거실에 앉아서 천천히 한 줄 한 줄 음미하고 싶었던 것이다. 이것이 바로 관찰과 이해의 차이점이다. 올바로 이해하기 위해서는 당신의 친구들이 좀 더 오랜 시간, 즉 당신이 거실 의자에 기대어 앉아 보내는 그 시간까지 다 관찰할 필요가 있다. 그뿐 아니라 그들이 당신과 보냈던 길고 소중한 관계도 함께 고려했다면 그 이해에 도움이 되었을 것이다.

이 첫 번째 실례에서 중심이 되는 그 '타당한 결론'은 다음과 같다. "나는 이 친구들을 사랑하기에 아무런 방해도 받지 않는 조용한 곳에서 애틋한 마음으로 친구들이 보낸 축하 카드를 읽으려 한다." 여기서 그러한 결론에 도달하기 위해 종합적으로 파악해야 할 여러 가지 상황은 당신이 보였던 행동이다. 주방의 식탁 옆에 서서 바로 그 카드를 읽지 않고 식탁에 던져둔 채 다른 우편물을 정리한 행동이 처음에는 애매하게 보였을 수 있다. 하지만 잠시 후에 당신은 그 생일 카드를 가지고 거실로 와서 애틋한 마음과 애정을 갖고 천천히 그것을 읽었다. 이러한 상황을 올바로 '이해'하는 일은 당신의 그런 행동들을 전체적으로 파악하여 타당한 결론, 곧 당신은 친구들을 너무도 사랑하고, 그들이 보낸 카드를 소중히 여긴다는 결론에 도달하는 것이다.

실례 2. 두 번째는 날씨를 해석하는 일에 관한 것인데, 예수님의 가르침에서 그 예를 가져와 본다.

"예수께서 [바리새인과 사두개인들에게] 대답하여 이르시되 너희가 저녁에 하늘이 붉으면 날이 좋겠다 하고 아침에 하늘이 붉고 흐리면 오늘은 날이 궂겠다 하나니 너희가 날씨는 분별할 줄 알면서 시대의 표적은 분별할 수 없느냐"(마 16:2-3).

예수님이 "너희가 … 분별할 줄 알면서"라고 하신 말씀은 '너희가 이해할 수 있다'라는 의미이다. 그리고 그 이해를 통해 유대 지도자들이 하늘의 색깔 변화를 파악하여 타당한 결론을 내리고 있다는 뜻이다. 즉, 저녁에 하늘이 붉은색을 띠면 그에 대한 타당한 결론은 날씨가 좋겠다는 것이고, 아침에 하늘이 붉으면 그에 대한 타당한 결론은 날씨가 궂겠다는 것이다. 다시 말해서, 자연 현상(인간의 행동이 아닌)을 종합적으로 살펴봤을 때 어떤 타당한 결론에 도달할 수 있다면, 우리는 그것을 이해한다고 말할 수 있다.

실례 3. 앞서 '이해'의 정의를 말하며 언급했던 세 번째 정황은 산상수훈에서 가져온 것이다. 그것은 인간의 행동이나 자연 현상에 대한 것이 아니라, 기록된 (혹은 구두로 한) 명제들이 전체적으로 어떻게 타당한 결론에 도달하는지에 초점을 맞추고 있다.

"구하라 그리하면 너희에게 주실 것이요 찾으라 그리하면 찾아낼 것이요 문을 두드리라 그리하면 너희에게 열릴 것이니 [왜냐하면] 구하는 이마다 받을 것이요 찾는 이는 찾아낼 것이요 두드리는 이에게는 열릴 것이니라 너희 중에 누가 아들이 떡을 달라 하는데 돌을 주며 생선을 달라 하는데 뱀을 줄 사람이 있겠느냐 [그렇다면] 너희가 악한 자라도 좋은 것으로 자식에게 줄 줄 알거든 하물며 하늘에 계신 너희 아버지께서 구하는 자에게 좋은 것으로 주시지 않겠느냐 **그러므로** 무엇이든지 남에게 대접을 받고자 하는 대로 너희도 남을 대접하라 이것이 율법이요 선지자니라"(마 7:7-12; 강조는 저자 추가; 괄호 안의 접속사들은 한글 성경에는 나타나지 않지만, 헬라어 성경과 영어 성경에는 지속적으로 나타난다.-역주)

예수님의 이 가르침을 이해한다는 것은 여러 상황(명제들)이 어떻게 전체적으로 타당한 결론에 이르게 되는지 파악한다는 의미이다. 여기서 타당한 결론은 다음 두 가지이다. 우리는 구해야 한다(7절)! 그리고 우리는 사랑해야 한다(12절)! 7절은 구하라는 명령이다. 12절은 다른 사람이 내게 해주기를 바라는 대로 내가 다른 사람에게 행하라는 명령이다. 내가 이 실례를 선택한 이유는 독자들 대부분이 11절과 12절 사이의 관련성, 곧 하나님이 반드시 좋은 것을 주신다는 약속과 근원적인 사랑의 어려움을 감수하라는 예수님의 명령 사이의 밀접한 연결고리를 충분히 살피지 않기 때문이다.

7절에 있는 '구하라, 찾으라, 두드리라'는 명령과 12절에 있는 '대접받고자 하는 대로 남을 대접하라'는 명령 사이에는 위의 이중 결론에 도달하기 위한 네 가지 명제가 있다. 첫째, '왜냐하면' 구하는 이마다 받을 것이다(8절). 둘째, 어떤 아버지도 자녀가 필요한 것을 달라고 할 때 돌이나 뱀을 주지 않을 것이다(7-10절). 셋째, 너희는 악한데도 그렇게 한다(11절). 넷째, '그러므로' 하나님은 악한 분이 아니시므로, 우리가 필요한 것을 구할 때 반드시 좋은 것을 주실 것이다(11절).

이러한 네 개의 명확한 진술로부터 다음과 같은 이중 결론이 도출된다. 너희는 하늘 아버지께 필요한 것을 구하라(7절). 또한 너희가 사랑받고자 하는 만큼 너희도 희생을 감수하며 사랑하라(12절).[1]

이 세 가지 실례에서 우리는 '이해는 여러 가지 상황을 종합적으로 파악하여 타당한 결론에 도달하기 위한 정신적 작용'이라는 것을 볼 수 있다. 이러한 정의는 인간의 행동과 하나님의 세상 속에서 일어나는 자연 현상은 물론, 하나님의 말씀 안에 있는 명제들(또는 그 밖의 글들)에도 적용된다. 이해의 핵심은 여러 가지 상황과 대상들 사이의 관계와 그러한 관계들이 어떻게 타당한 결론에 이르게 되는지를 인식하는 것이다.

---

[1] 내가 여기서 사용한 방식처럼 성경의 명제들을 발견하고 연결 짓는 기술을 배우기 원한다면 Biblearc.com이라는 인터넷 홈페이지를 추천한다. 베들레헴대학 및 신학교에서 발전시킨 성경 공부를 위한 도구로, 성경 본문을 엄밀하게 들여다보는 데 최우선순위를 두었다. 그중에 "호 그리기"(arcing)라는 방법에 대해서는 『존 파이퍼의 초자연적 성경 읽기: 하나님을 경험하는 말씀 읽기』의 부록에서 자세히 예를 들어 설명한다. 또한 Andrew Naselli, *How to Read a Book: Advice for Christian Readers* (Moscow, ID: Canon Press, 2024)도 참조하라.

타당성의 실재

1장에서 우리는 '관찰'은 관찰해야 할 실재가 분명히 존재한다는 것을 전제로 한다고 이야기했다. 이는 너무도 당연한 말처럼 들리지만, 우리가 살펴보았듯이, 현대 세계의 파괴적인 습관 중 하나는 우리 바깥에 객관적인 실재가 존재한다는 사실을 부정하는 것이다. 그 대신 인간의 자아는 스스로 욕망하는 실재를 얼마든지 만들어낼 수 있다고 믿는다.[2] 이제 이해에 대한 본 장에서 우리는 또 하나의 명백한 실재를 밝힐 필요가 있다. 그것은 '타당함'이 존재한다는 사실이다. 즉, 타당한 결론에 이르는 논리라는 것이 존재한다.

앞서 우리는 '이해'를 여러 상황을 종합적으로 파악하여 '타당한' 결론에 도달하기 위한 정신적 작용이라고 했는데, 이러한 정의에는 위의 사실이 이미 포함되어 있다. 그런데 '타당한'이란 말은 무슨 의미이고, 우리는 왜 그런 실재가 존재한다고 생각하는 것일까?

전제와 결론 사이에 논리적인 전개가 있을 때 그 결론은 타당한 것이다. 예를 들어, 타당하지 않은 결론은 다음과 같은 모습을 하고 있다. "모든 개는 다리가 네 개다. 이 말(馬)은 다리가 네 개다. '그러므로' 이 말은 개다." 그렇지 않다. 말은 개가 아니다. 따라서 이 결론은 타당하지 않다. 왜 그런가? 왜냐하면 이런 결론은 주어진 전제에서 따라온다고 할 수 없기 때문이다. 전제는 사실이다. "모든 개는 다리가

---

2) 앞장의 각주 5번과 6번 참조.

네 개다." "이 말은 다리가 네 개다." 그러나 거기서 도출된 결론은 잘못되었다. 왜냐하면 "모든 개는 다리가 네 개다."라고 해서 '오직' 개들만 다리가 네 개라는 의미는 아니기 때문이다. 따라서 말의 다리가 네 개라는 사실은 그것이 개라는 것을 뜻하지 않는다.

이런 식의 논리 전개를 (그것이 타당할 때) 아리스토텔레스 논리학이라고 부르곤 한다. 아리스토텔레스 삼단논법에서 가장 유명한 것은 "모든 사람은 죽는다. 플라톤은 사람이다. 그러므로 플라톤은 죽는다."이다.[3] 이것은 타당한 논리이다. 왜냐하면 도출된 결론이 실제로 전제에서 따라오기 때문이다. 만약 "모든 사람은 죽는다. 플라톤은 죽는다. 그러므로 플라톤은 사람이다."라고 했다면 그것은 타당하지 않다. 그러한 결론이 타당해지려면 첫 번째 전제가 "오직 사람만 죽는다."라고 해야 한다. 그렇게 되면 타당한 삼단논법이 된다. 하지만 이 경우에도 첫 번째 전제가 틀렸기 때문에 논리 전개가 타당하지 않다. 오직 사람만 죽는다는 말은 참이 아니기 때문이다.

어떤 학자들은 아리스토텔레스 논리학은 성경과 맞지 않다고 말한다. 성경은 헬레니즘(그리스)의 사고방식이 아닌 히브리적 사고를 보여 준다고 주장한다. 즉, 성경은 아리스토텔레스의(때문 '서구적'이라 불리는) 선형 논리에 뿌리를 두고 있지 않다는 것이다.

---

3) 아리스토텔레스는 자신의 『분석론 전서(The Prior Analytics)』에서 삼단논법을 다음과 같이 정의한다. "어떤 상황을 가정했을 때 그 가정된 것들이 사실이기 때문에 가정된 것과 다른 어떤 것이 필연적으로 도출되는 담론." The Internet Classics Archive (24b, 18-20), 2023년 5월 26일 접속, http://classics.mit.edu/.

하지만 나는 이러한 일반화와 구분은 오해의 소지가 있고 도움이 안 된다고 생각한다. 문제는 예수님이 친히 소위 아리스토텔레스의 논리를 가정하고 말씀하신다는 점이다. 예컨대, 앞서 인용했던 날씨를 해석하는 것에 관한 본문이 그렇다. 마태복음 16장 2절에서 예수님은 "너희가 저녁에 하늘이 붉으면 날이 좋겠다 하고"라는 말씀을 하신다. 이 말씀은 무슨 뜻인가? 그것은 히브리 바리새인들과 사두개인들이 이른바 아리스토텔레스의 삼단논법으로 사고하고 있다는 뜻이다(물론 그러한 용어는 몰랐겠지만).

전제 1 : 저녁에 하늘이 붉은색을 띠는 것은 좋은 날씨의 징조이다.
전제 2 : 오늘 저녁은 하늘이 붉다.
결론 : 그러므로, 날씨가 좋을 것이다.

이는 타당한 삼단논법이다. 그런 뒤에 3절 앞부분에서 그들은 다시 한 번 이와 동일한 사고를 보여 준다. "아침에 하늘이 붉고 흐리면 오늘은 날이 궂겠다." 마찬가지로 그들은 다음과 같이 소위 서구적 선형 논리로 사고하는 것이다.

전제 1 : 아침에 하늘이 붉은색을 띠는 것은 궂은 날씨의 징조이다.
전제 2 : 오늘 아침은 하늘이 붉다.
결론 : 그러므로, 날씨가 궂을 것이다.

예수님은 그들의 이와 같은 관찰과 추론에 대해 "너희가 날씨는 분별할 줄 알면서"라고 답하셨다. 다른 말로 하자면, 그들이 자연 세계에서 일어나는 일에 대해 눈과 정신을 사용하여 타당하고 논리적인 결론을 도출해 낼 줄 안다는 뜻이다. 결과적으로, 예수님은 그들이 자연을 관찰하고 논리적으로 숙고하여 얻은 결과를 '인정'하셨다.

그러한 논리적 추론은 보편타당하다. 왜냐하면 하나님의 존재 방식에 뿌리를 두고 있기 때문이다. 하나님은 논리의 희생양이나 노예가 아니시다. 그분이야말로 논리의 원천이자 근간이시다. 궁극적으로 바로 이 하나님이 타당한 논리의 근간이시므로 타당성은 실재한다.

나는 사람들이 논리는 차갑고 생명력이 없다고 이야기하는 것을 들으면 마음이 아프다. 성경의 논리는 차갑고 생명력 없는 것이 아니다. 성경 안에 있는 모든 '그러므로'는 생명과 사랑으로 향하는 통로이다. 이는 앞서 우리가 마태복음 7장 7-12절에서 본 바와 같다.

마태복음 7장 12절에 나오는 논리는 전적으로 사랑의 목적을 이루기 위한 것으로, 이러한 논리는 차갑지 않다. 오히려 사랑이라는 엔진을 돌아가게 하는 동력장치와도 같다. 예수님은 아무 이유 없이 '그러므로'라는 말을 하지 않으신다. 하나님은 좋은 아버지이시고, 아버지께 구하는 자녀들에게 좋은 것을 주신다. '그러므로' 사람을 사랑하라! 예수님은 우리가 그분의 말씀 안에 담긴 논리를 보고 생각하기를 바라신다. 그리고 하나님의 아버지 같은 돌보심이라는 전제로 돌아가 그것을 믿고, 그리하여 다른 사람을 사랑하는 힘겨운 일을 할 때 그

전제로부터 힘과 위로를 얻기를 원하신다. 이것이 바로 논리의 유익이다. 이러한 논리는 생명력이 없는 것이 아니라 오히려 생명을 불어넣는다.

마치 논리가 없어도 살아갈 수 있다는 듯이 논리를 사랑이나 상상력, 혹은 경험과 갈라놓으려는 생각 없는 주장에 동조하지 않도록 주의하라. 그것은 불가능한 일이다. 만약 논리가 사라진다면 그 빈 자리에는 원초적인 힘이 들어설 것이다. 그것은 곧 폭정을 의미하고, 그로 인해 수백만의 목숨이 희생된 역사가 있다.

예를 들어, 여러분이 어떤 범죄에 대해 고발당했다고 생각해 보자. 그런데 재판 자리에서 여러분이 그 범죄가 일어난 시간과 장소에 없었다고 증명하는 확실한 증거를 제시하는 것이다. 예컨대, 그때 여러분은 교실에서 강의를 하고 있었는데, 그 자리에 있던 학생 서른 명이 그것을 증언해 줄 것이다. 또한 휴대전화 위치 정보를 통해 여러분이 범죄 발생 시점에 현장이 아닌 다른 곳에 있었음을 콕 집어서 보여 줄 것이다. 게다가 전혀 다른 인상착의를 한 인물이 그 범죄를 저지르는 것을 본 목격자가 둘이나 있다. 이상의 세 가지 증거들(전제들!)을 통해 여러분은 아무런 죄가 없으며, 따라서 석방되어야 한다는 결론을 내리기란 지극히 '타당한' 일이다. 그러나 판결의 순간이 되자 재판장이 다음과 같이 말한다. "당신이 호소하는 '논리적 타당성'은 차갑고 생명력 없는 합리주의의 구태의연한 관념이다. 우리는 그딴 것을 믿지 않는다. 따라서 당신은 유죄이며, 그에 따라 사형에 처하는 바이다."

예수님이 말씀하신 성경의 추론과 우리 자신이 스스로 경험한 바에 비추어 보면, 논리에 뿌리를 둔(결과적으로, 하나님께 뿌리를 둔) 타당성이란 개념은 차갑고 생명력 없는 것이 아니다. 오히려 그것은 하나님의 말씀 안에 있는 사랑의 용광로에 불을 지피는 일이며, 또한 우리 사회에 생명과 정의의 기초를 제공하는 것이다. 그러므로, 우리가 관찰한 것에서부터 타당한 추론을 거쳐 이해에 도달하려는 노력은 전혀 근거 없는 일이 아니다. 관찰하는 일이 관찰의 대상이 되는 객관적인 실재에 뿌리를 내리고 있듯이, '이해'하는 일 역시 실재하는 타당한 논리에 뿌리내리고 있다. 객관적인 실재와 논리적 타당성의 존재를 의심할 수 없는 이유는 그 모두가 하나님의 성품과 창조에 뿌리내리고 있기 때문이다.

올바른 이해가 꼭 필요한 이유는 무엇인가?

평생 올바로 이해하는 능력을 기르기 위한 구체적인 전략으로 넘어가기 전에, 그러한 이해가 꼭 필요한 이유를 성경을 통해 분명히 짚어 보자. 우리는 성경에서 말씀하는 이해에 전념하여 그것을 추구하는 일에 평생 힘쓰면, '모든 일'을 더욱더 잘 이해하게 된다는 것을 경험했다. 하나님의 '말씀'을 이해하는 능력을 갈고닦음으로써 하나님의 '세상', 곧 그 안의 모든 것을 이해하게 된다. 그래서 우리는 이해하는 일의 심각성을 진지하게 받아들일 수밖에 없다.

성경에서는 사람이 읽을(즉, 종이에 쓰인 것을 관찰할) 수는 있어도 이해하지 못할 수 있다고 분명히 말한다. 예수님은 친히 그 시대 사람들에게 이사야의 예언이 그들 눈앞에 이루어지고 있다고 경고하셨다. "너희가 듣기는 들어도 깨닫지 못할 것이요 보기는 보아도 알지 못하리라"(마 13:14). 즉, 예수님은 그들에게 "듣고 깨달으라"(마 15:10)라고 이르셨다. 단지 듣기만 하는 것이 아니라, 듣고 '더불어' 이해해야 한다.

그래서 제자들은 예수님께 "이 비유를 우리에게 설명하여 주옵소서"(마 15:15)라고 말했다. 듣는 것(혹은 읽는 것이나 관찰하는 것)과 이해하는 것 사이에는 엄청난 차이가 있다. 예를 들어, "인자가 사람들의 손에 넘겨 죽임을 당하고 죽은 지 삼 일만에 살아나리라는 것을 말씀하셨기 때문이더라 그러나 제자들은 이 말씀을 깨닫지 못하고"(막 9:31-32)라는 말씀과 같다.

성경에 있는 하나님의 말씀을 이해하지 못하면 어떻게 될까? 그러면 하나님과 그분의 말씀, 그리고 그분의 구원 계획을 올바로 알지 못한다. 올바로 이해해야만 올바로 알 수 있다. 그래서 시편 기자는 이렇게 기도한다. "나는 주의 종이오니 나를 **깨닫게** 하사 주의 증거들을 **알게** 하소서"(시 119:125). 올바른 이해에서 올바른 지식이 따라온다. 또한 하나님을 올바로 알지 못하면 우리는 멸망한다. "내 백성이 지식이 없으므로 망하는도다"(호 4:6). "내 백성이 무지함으로 말미암아 사로잡힐 것이요"(사 5:13). 이처럼 올바른 이해가 꼭 필요한 이유는 그것이 바로 구원과 멸망의 갈림길에 서 있기 때문이다.

설사 하나님을 향한 열심이 있다 하더라도 지식이 없으면 그 열심으로는 구원에 이르지 못한다. "형제들아 내 마음에 원하는 바와 하나님께 구하는 바는 이스라엘을 위함이니 곧 그들로 구원을 받게 함이라 내가 증언하노니 그들이 하나님께 열심이 있으나 **올바른 지식을 따른 것이 아니니라**"(롬 10:1-2). 그들에게 구원이 필요했던 이유는 그들의 열심이 지식을 따른 것이 아니었기 때문이다. 즉, 성경 말씀을 왜곡하여 올바로 이해하지 못함으로써 멸망당하는 일이 가능하다는 뜻이다. "그 중에 알기 어려운 것이 더러 있으니 무식한 자들과 굳세지 못한 자들이 … 그것도 억지로 풀다가 스스로 멸망에 이르느니라"(벧후 3:16).

하지만 그것은 올바른 이해와 올바른 지식이 꼭 필요한 이유의 절반에 불과하다. 다른 절반은 진리를 잃어버리는 일의 고통이 아닌 그것을 얻게 되는 기쁨에 관한 것이다. "주께서 생명의 길을 내게 **보이시리니** 주의 앞에는 충만한 **기쁨**이 있고 주의 오른쪽에는 영원한 **즐거움**이 있나이다"(시 16:11; '보이시니'로 번역된 히브리어의 원형 동사에는 '알다'라는 의미가 있다.-역주). 올바른 지식은 영원한 즐거움이다. 하나님의 약속을 올바로 알게 되면 그것은 환난 중에도 온전히 기뻐할 수 있는 근거가 된다. "우리가 환난 중에도 즐거워하나니 이는 환난은 인내를, 인내는 연단을, 연단은 소망을 이루는 줄 **앎이로다** 소망이 우리를 부끄럽게 하지 아니함은"(롬 5:3-5) 따라서 올바른 이해의 핵심은 어디에 있는가? 우리가 만약 올바로 '이해하지 못하면' 고통과 멸망이 따르게 될 것이나, 올바로 '이해한다면' 즐거움과 영원한 기쁨이 있게 되리라는 점에 있다.

그렇다면 우리는 어떻게 이해를 구해야 할 것인가?

이해하는 능력을 기르는 일에 너무 늦은 나이란 없다. 하나님의 세상을 이루는 것들을 더 많이 알아가고, 또 그 모든 것들이 어떻게 하나가 되어 그분의 위대한 결론을 향해 나아가는지 파악하는 일에는 결코 끝이 있을 수 없다. 그러므로, 다음에 오는 짧은 제안들은 하나님이 능력을 주시는 대로 여러분 모두에게 해당하는 것이다.

1. 기도하라

우선은 이렇게 말하는 것이 좋겠다. **정신과 마음의 '모든' 습관은 하나님에 대한 깊은 의존을 기도로 표현하는 데서부터 시작해야 한다.** "나를 떠나서는 너희가 아무 것도 할 수 없음이라"(요 15:5). 예수님의 이 말씀은 많은 사람들의 생각보다 훨씬 더 깊은 의미를 담고 있다. 그분이 세상을 지으셨을 뿐만 아니라 또한 그것을 붙들고 계시기 때문에(골 1:17; 히 1:3) 그분을 떠나서는 말 그대로 '아무것도' 할 수 없다. 사도행전 17장 25절 말씀대로, "[하나님은] 만민에게 생명과 호흡과 만물을 친히 주시는 이심이라." 그야말로 만물이 그리스도의 창조와 붙드심 안에 있다!

그러므로 올바른 이해는 하나님의 선물이다. 그리고 그분은 우리에게 자주 이렇게 말씀하신다. "구하라 그리하면 너희에게 주실 것이요"(마 7:7). "너희 중에 누구든지 지혜가 부족하거든 … 하나님께 구하라"(약 1:5). 어떤 시편에는 그러한 기도가 다섯 차례나 나타난다. "여호와여 … 나를 깨닫게 하소서"(시 119:169). "나로 하여금 깨닫게 하여 주소서 내가 주의 법을 준행하며"(시 119:34). "내가 깨달아 주의 계명들을 배우게 하소서"(시 119:73). "나를 깨닫게 하사 주의 증거들을 알게 하소서"(시 119:125). "나로 하여금 깨닫게 하사 살게 하소서"(시 119:144).

사도 바울은 우리에게 이해를 위한 기도의 본보기를 다음과 같이 보여 준다. "우리도 … 너희를 위하여 기도하기를 그치지 아니하고 구하노니 너희로 하여금 모든 신령한 지혜와 총명에 하나님의 뜻을 아는 것으로 채우게 하시고"(골 1:9). "내가 기도하노라 너희 사랑을 지식과 모든 총명으로 점점 더 풍성하게 하사"(빌 1:9). "너희 마음의 눈을 밝히사 그의 부르심의 소망이 무엇이며 … 알게 하시기를 구하노라"(엡 1:18). "능히 모든 성도와 함께 지식에 넘치는 그리스도의 사랑을 알고 그 너비와 길이와 높이와 깊이가 어떠함을 깨달아 … 하시기를 구하노라"(엡 3:18-19). 바울은 하나님과 그분의 길을 풍성히 이해하는 일은 하나님의 백성이 진심으로 기도했을 때 그에 대한 응답으로 얻는 선물이라는 것을 꿰뚫고 있었다. 만약 우리가 기도하지 않는다면 야고보의 꾸짖음을 듣게 될 것이다. "너희가 얻지 못함은 구하지 아니하기 때문이요"(약 4:2). 평생 배움은 곧 평생 기도를 뜻한다.

2. 생각하라

앞서 '이해'는 여러 가지 상황을 종합적으로 파악하여 타당한 결론에 도달하기 위한 정신적 작용이라고 정의했던 것을 떠올려보자. '사고'는 그러한 것들을 파악하기 위해 정신이 하는 일이다. 곧 여러 상황을 전체적으로 들여다보기 위한 정신적인 노력을 말한다. 웨스트민스터신학교의 창립자 중 한 사람이었던 그레샴 메이첸(J. Gresham Machen)은 생각하는 것을 다음과 같이 정의했다.

> 새로운 사실이 인간의 정신 속으로 들어오면 그 안에서 편안하게 지내려고 한다. 즉, 이미 그 집에서 살고 있는 거주인에게 반드시 자신을 소개하는 과정을 거친다. 이처럼 새로운 사실을 소개하는 과정을 사고(思考)라고 부른다. 그리고, 꽤 일반적으로 알려진 바와는 달리 그리스도인은 사고를 피할 수 없다.[4]

다시 말해서, '생각하기'란 관찰을 통해 정신 속으로 들어온 사실들을 통합하여 그 의미를 이해하려는 노력을 말한다.

"만약 이해가 기도를 통해 주시는 하나님의 선물이라면, 사람이 사고하기 위해 노력하는 것은 왜 그토록 중요한가?"라고 묻는 사람이 있을지도 모르겠다. 그 질문에 대한 성경의 답은 이렇다. 곧 하나님은

---

[4] J. Gresham Machen, *What Is Faith?* (1937; repr., Edinburgh: Banner of Truth, 1991), 242; 잔 그레스햄 메이첸, 『믿음이란 무엇인가』, 심명석 역, 대서.

이해를 위한 기도에 응답하시되 사람의 사고라는 방편을 통해 하신다는 것이다.

바울은 디모데에게 "내가 말하는 것을 생각해 보라 주께서 범사에 네게 총명을 주시리라"(딤후 2:7)라고 말했다. 그는 "주께서 이해하게 해 주시니 너는 생각할 필요가 없다."라고 말하지 않았다. 또한 "생각을 통해 이해를 얻게 되니 너는 하나님의 선물을 위해 기도할 필요가 없다."라고도 하지 않았다. 바울의 권면은 사실상 "생각함으로써 이해하려고 하라. 왜냐하면 그것이 바로 하나님이 너의 기도에 응답하시는 방법이기 때문이다."라는 것이다.

잠언 2장 3-6절에는 이처럼 사람의 노력과 하나님의 선물 사이의 역설을 바울이 했던 것보다 좀 더 효과적으로 묘사하고 있다.

"지식을 불러 구하며
명철을 얻으려고 소리를 높이며
은을 구하는 것 같이 그것을 구하며
감추어진 보배를 찾는 것 같이 그것을 찾으면
여호와 경외하기를 깨달으며
하나님을 알게 되리니
대저 여호와는 지혜를 주시며
지식과 명철을 그 입에서 내심이며."

부르라. 소리를 높이라. 구하라. 그리고 찾으라. 그러면 발견할 것이다. 왜냐하면 하나님이 주실 것이기 때문이다. 이것이 바로 역설이다. 그분이 주신다고 해서 우리가 노력하지 않아도 되는 것이 아니다. 마찬가지로 우리가 노력한다고 해서 그분이 주시지 않는 것도 아니다. "내가 말하는 것을 생각해 보라 주께서 범사에 네게 총명을 주시리라."

고린도전서 14장 20절에서 바울은 "형제들아 지혜에는 아이가 되지 말고 악에는 어린 아이가 되라 지혜에는 장성한 사람이 되라"라며 사고의 중요성에 대해 강조했다. 바울은 어린아이와 같은 미성숙한 사고가 있는가 하면 어른과 같은 성숙한 사고가 있음을 잘 알았다. "내가 어렸을 때에는 … 깨닫는 것이 어린 아이와 같고 생각하는 것이 어린 아이와 같다가 장성한 사람이 되어서는 어린 아이의 일을 버렸노라"(고전 13:11). 평생 배움이 그토록 중요한 이유가 바로 이것이다. 이생의 삶을 살아가는 동안 그 누구도 "나는 이제 완전히 성숙하여서 더 이상 사고력이 성장할 필요가 없다."라고 말할 수 있는 사람은 존재하지 않는다.

하나님을 향한 우리의 사랑이 더욱 성장해야 할 여지가 있다면(당연히 그래야 하겠지만), 우리의 사고 역시 성장해야 할 여지가 있다. 왜냐하면 예수님이 우리의 정신을 다하여 하나님을 사랑하라고 말씀하셨기 때문이다. "네 … 뜻(mind)을 다하여 주 너의 하나님을 사랑하고"(눅 10:27). 이 말씀을 다르게 표현해 보면, 생각할 수 있는 모든 정신적 능력을 동원하여 진리를 찾고, 그것을 하나님을 사랑하는 용광로의 연료로 사용하라는 뜻이다. 즉, 생각이 사랑의 시녀가 되게 하라는 말씀이다.

독서를 통해 유익을 얻는 것은 전부 사고하는 일이다. 수동적인 독서는 이해의 열매를 맺는 일이 드물다. 반면에 능동적인 독서는 읽은 것에 관해 생각하는 것을 의미한다. 즉, 그것은 단어와 구절, 그리고 명제와 문단을 종합적으로 살펴 저자가 전달하려는 바를 적절히 파악하려는 의도적인 노력을 뜻한다. 이러한 노력을 '사고'라고 부르며, 그 안에는 주로 본문 내용에 대해 질문을 제기하고 우리가 본 것을 토대로 거기에 답하려는 시도들이 포함된다. 이와 같은 능동적 독서를 훈련하기 위해 가장 도움이 되는 것 중의 하나가 바로 모티머 애들러의 『생각을 넓혀주는 독서법』이란 책이다. 모티머는 그 책에서 다음과 같이 말했다. "초등 교육 이상에서 책을 읽는다는 것은 근본적으로 독자가 그 책에 대해 질문을 던지는(그리고 최선을 다해 그 질문에 답하려는) 노력의 과정이다."[5]

러디어드 키플링(Rudyard Kipling)은 1902년에 아마도 자신의 딸을 위해 다음과 같은 시를 쓴 것으로 보인다. 그것은 능동적인 독서에 질문하기, 곧 사고가 얼마나 중요한 역할을 하는지 보여 준다.

---

5) Mortimer J. Adler and Charles Van Doren, *How to Read a Book: The Classic Guide to Intelligent Reading* (New York: Touchstone, 1972), 47; 모티머 J. 애들러, 찰스 반 도렌, 『생각을 넓혀주는 독서법』, 독고 앤 역, 시간과공간사.

내게는 정직한 하인이 여섯 있다.
(내가 아는 모든 것은 그들에게서 배웠다.)
그들의 이름은 '무엇', '왜', 그리고 '언제',
'어떻게', '어디서', 그리고 '누가'이다.
나는 그들을 땅과 바다로 보내고,
또 동쪽과 서쪽으로 보낸다.
그들이 나를 위해 일하고 나면,
나는 그들 모두에게 휴식을 준다.
9시부터 5시까지,
배고픈 사람들을 위해
아침, 점심, 저녁을 준비하느라
내가 바쁜 동안에는.

그러나 사람은 각자 다르게 생각한다.
내가 아는 작은 여자아이는
천만 명의 하인이 있는데,
아무도 쉬지 못한다!
자기 일을 위해 그들을 내보내는데,
눈을 뜨는 순간부터 그런다.
그 하인들은 백만 명의 '어떻게', 2백만 명의 '어디',
그리고 7백만 명의 '왜'이다!

이 시는 진지하기도 하고 재미있기도 하다. 재미있는 부분은 2연인데, 쉬지 않고 질문을 해대는 아이를 묘사했다. 아이들은 특히 '어떻게'와 '왜'라는 답하기 어려운 질문들로 부모를 미치게 한다! 반면에 키플링이 여섯 가지 질문을 통해 자신이 아는 모든 것을 배웠다며 놀라운 말을 하는 1연은 진지한 면을 보여 준다. 다시 말해서 능동적인 독서, 그리고 세상과 능동적인 상호 작용을 한다는 것은 대개의 경우 질문, 질문, 또 질문을 의미한다.

내가 이 시를 통해 끄집어내고 싶은 한 가지는 성경을 읽는 사람들이 '어떻게'와 '왜'라고 묻는 어린아이와 같은 호기심을 잃어버리는 일이 많다는 사실이다. 물론 '누가', '무엇을', '어디서' 그리고 '언제'라는 질문도 가치가 있다는 점에는 이견이 없다. 하지만 보통 그런 질문들에 대한 답은 많은 생각이 필요하지 않다. 더욱이 성경을 연구하는 데 있어서는 이미 어떤 사람들이 그러한 질문에 대해 답을 찾아 놓은 경우가 많다. 따라서 정말로 의미 있는 질문은 '어떻게'와 '왜'이다. '왜' 예수님은 마태복음 7장 12절의 황금률과 그분의 아버지께서 우리가 기도할 때 그에 대한 응답으로 좋은 것을 주고자 하신다는 내용(11절)을 "그러므로"라는 단어로 연결하실까? '어떻게' 하나님의 아버지 같은 돌보심이 자기를 부인하는 사랑으로 이끌어 가는가?

질문하는 습관에서 비롯되는 이런 당황스러움은 깊은 사고와 놀라운 발견으로 이어진다. 애들러는 바로 이 점을 예리하게 강조한다. "아마 여러분은 이제 '당황하고 또 알게 되는 것'이 독서의 필수적인 요소임을 깨닫기 시작했을 것이다. 자연과 책으로부터 무언가를 배우고자 할 때 지혜의 출발점은 바로 궁금증이다."[6] 존 듀이(John Dewey) 역시 "우리는 문제를 만나기 전에는 절대 생각하지 않는다."라는 비슷한 말을 했다. 질문하기는 풀어야 할 문제를 제기하는 일이다. 그리고 그 문제를 푸는 과정을 우리는 '사고'라고 부른다.

여기서 우리가 생각해 볼 수 있는 한 가지는, 이미 이해하는 범위를 넘어서는 수준의 책들을 꾸준히 읽어야 한다는 점이다.

여러분이 더 나은 독서 능력을 얻기 위해 글을 읽는다면, 아무런 책이나 기사를 읽어서는 안 된다. 여러분의 역량 안에 있는 책들만 읽는다면, 독서 능력은 향상되지 않을 것이다. 자신의 범위를 넘어서는 책들, 혹은 앞서 언급했듯이, 자신의 머리 위에 있는 책들을 도전해야 한다. 이러한 종류의 책들만이 여러분의 정신을 확장할 것이다. 그리고 그러한 확장이 없다면 아무것도 배울 수 없다.[7]

그리스도인의 가슴을 설레게 하는 한 가지 사실은 성경은 언제나 그리고 어떤 식으로든 우리의 머리 위에 있다는 사실이다. 아무리 오랜 세월 성경을 읽고, 공부하고, 또 생각해 보았다 할지라도, 거기서

---

6) Adler and Van Doren, *How to Read a Book*, 123; 애들러, 반 도렌, 『생각을 넓혀주는 독서법』; 강조는 원문의 것.
7) Adler and Van Doren, *How to Read a Book*, 339; 애들러, 반 도렌, 『생각을 넓혀주는 독서법』.

우리가 발견하고 깨달아야 할 것들은 언제나 더 있다. 만일 여러분이 이 책에서 설명하는 마음과 정신의 습관들을 배양해 간다면, 성경은 한평생 마르지 않는 지혜와 기쁨의 샘이 될 것이다.

3. 익숙하지 않은 성경적 사고의 범주를 받아들이라

우리가 성경의 여러 부분을 읽으면서 그 의미를 깨닫고 나아가 저자의 의도를 올바로 이해하기 위해 진지하게 그 모든 것들을 종합적으로 고려하다 보면, 흔히 생각했던 것과는 다른 결론에 맞닥뜨릴 때가 있다. 물론 그것이 논리적 타당성이라는 규칙을 깨뜨린다고 말하는 것은 아니다. 단지 우리가 기존에 세상을 바라보던 방식과 너무도 달라서 그것이 과연 어떻게 진실일 수 있는지 알기 어려운 경우가 있다는 말이다.

하지만 놀랄 일은 아니다. 그런 일이 일어나지 않으려면 성경을 읽기 전에 우리에게 세상을 완벽하게 볼 수 있는 눈이 있어야만 한다. 그러나 하나님이 성경을 주신 한 가지 목적은 세상을 바라보는 우리의 잘못된 방식을 바로 잡기 위해서다. 타락한 죄인인 우리의 시각은 왜곡되어 있어서 그로써 하나님의 명예를 더럽히는 것이 자연스럽다(롬 8:7-8; 고전 2:14 참조). 따라서, 정확하고 철저하게 관찰해야 할 때나 읽은 것을 정직하고 분명하게 이해해야 할 때, 우리는 성경 말씀을 따라, 설사 그것이 우리에게는 낯설지라도, 새롭고 참되며 합당한 결론으로 나아가야 한다.

아래에 몇 가지 성경적 진리들을 예로 들어보자. 이 예들은 성경을 통해 세상을 바라보는 시각이 바뀌기 전에는 대부분의 타락한 정신 안에 존재하지 않는 개념들이다. 어떤 이들에게는 이러한 예들이 새롭게 느껴질 것이다. 하지만 부디 성경의 가르침을 깊이 생각해 보지 않은 채 거부하지 않기를 바란다. 그것이 바로 평생 배움이 필요한 이유이다.

먼저 처음 일곱 가지는 설명과 함께 소개하고, 마지막 세 가지는 있는 그대로 제시할 것이다. 만약 이번 생에서 이해할 시간이 우리에게 부족하다면, 하나님이 빛의 왕국에서 모든 것을 분명히 보여 주실 것이다.

1. 모든 사람은 자신의 선택에 대해 책임을 져야 하는데, 그 모든 선택은 하나님의 절대무오하신 결정으로 정해진 것이다.

"모든 일을 그의 뜻의 결정대로 일하시는 이"(엡 1:11).

"사람이 무슨 무익한 말을 하든지 심판 날에 이에 대하여 심문을 받으리니"(마 12:36).

2. 일어나도록 계획된 어떤 죄는 하나님 안에서 죄가 아니다.

"당신들은 나를 해하려 하였으나 하나님은 그것[요셉의 형제들이 저지른 악행들]을 선으로 바꾸사"(창 50:20).

3. 하나님이 장차 일어나도록 정하신 일은 우리에게 주신 명령과 항상 일치하지는 않으며, 실제로 그와 반대되는 일이 일어날 수 있다.

예를 들어, 하나님은 "살인하지 말라"(출 20:13)라고 명하실 수 있지만, 또한 그분의 아들이 살인을 당하도록 정하실 수도 있다. "여호와께서 그에게 상함을 받게 하시기를 원하사"(사 53:10).

4. 하나님의 궁극적인 목표는 당신의 영광을 높이고 드러내는 일이며, 이것은 그분이 우리를 사랑하신다는 말의 핵심적인 의미이다.

"아버지여 창세 전에 내가 아버지와 함께 가졌던 영화로써 지금도 아버지와 함께 나를 영화롭게 하옵소서"(요 17:5).

"아버지여 내게 주신 자도 나 있는 곳에 나와 함께 있어 … 나의 영광을 그들로 보게 하시기를 원하옵나이다"(요 17:24).

5. 죄는 사람을 상하게 하기에 앞서 하나님을 업신여기는 일, 곧 그분의 높은 가치에 대해 불신이나 무관심을 표현하는 일이다.

"내 백성이 두 가지 악을 행하였나니

곧 그들이 생수의 근원되는

나를 버린 것과

스스로 웅덩이를 판 것인데

그것은 그 물을 가두지 못할 터진 웅덩이들이니라"(렘 2:13)

6. 하나님의 정의(正義)는 완전하여 가나안 주민을 전부 다 멸하라고 명하셨다.

"세상을 심판하시는 이가 정의를 행하실 것이 아니니이까"(창 18:25).

"오직 네 하나님 여호와께서 네게 기업으로 주시는 이 민족들의 성읍에서는 호흡 있는 자를 하나도 살리지 말지니"(신 20:16).

7. 기독교적 삶의 열쇠는 마치 우리가 다른 누군가의 행동을 하듯 그렇게 행동하는 비밀을 배우는 것이다.

"성령으로 행할지니"(갈 5:25).

"영으로써 몸의 행실을 죽이면"(롬 8:13).

8. 그리스도인은 죽었으나 또한 계속해서 살아 있다.

"내가 그리스도와 함께 십자가에 못 박혔나니 … 이제 내가 육체 가운데 사는 것은 … 하나님의 아들을 믿는 믿음 안에서 사는 것이라"(갈 2:20).

9. 예수님은 육신의 아버지 없이 동정녀 마리아 안에 성령으로 잉태되셨다.

"처녀가 잉태하여 아들을 낳을 것이요"(마 1:23).

10. 하나님의 아들이신 예수님은 그 존재의 시작점이 없으시다.

"예수께서 이르시되 … 아브라함이 나기 전부터 내가 있느니라"(요 8:58).

위의 열 가지 진술은 모두 대부분의 사람들이 생각하는 일반적인 방식과 충돌한다. 그 말은 곧 우리가 하나님의 말씀을 이해하고자 노력할 때는 겸손하게 우리에게 익숙하지 않은 성경적 사고의 범주를 받아들이려고 해야 한다는 뜻이다.

4. 고난을 통해 이해하게 된 것에 순종하라

하나님은 인간을 만드시며 '의지'가 진리를 향할 때 '정신'이 더욱 분명하게 보도록 하셨다. 우리는 이것을 요한복음 7장 17절에서 예수님이 하신 말씀을 통해 알 수 있다. "사람이 하나님의 뜻을 행하려 하면 이 교훈이 하나님께로부터 왔는지 내가 스스로 말함인지 알리라." 여기서 의지와 앎의 관계를 주목해 보라. 의지가 있다면 알게 될 것이다. 의지가 진리를 거스르지 않을 때 정신이 그것을 이해하는 일이 더욱 수월해진다는 사실은 놀라운 일이 아니다. 따라서 우리가 이미 아는 진리에 순종하는 것은 더 많은 것을 알게 되는 성경적인 길이다.

1. 연륜 있는 사람들보다 더 많은 것을 이해하고자 한다면 이 말씀에 순종하라.

"주의 법도들을 지키므로
나의 명철함이 노인보다 나으니이다"(시 119:100).

2. 훌륭한 지각을 얻고자 한다면 이 말씀에 순종하라.

"여호와를 경외함이 지혜의 근본이라
그의 계명을 지키는 자는 다 훌륭한 지각을 가진 자이니
여호와를 찬양함이 영원히 계속되리로다"(시 111:10).

3. 지혜와 명철을 얻고자 한다면 이 말씀에 순종하라.

"보라 주를 경외함이 지혜요
악을 떠남이 명철이니라"(욥 28:28).

4. 지혜롭고 명철해지고자 한다면 이 말씀에 순종하라.

"너희 중에 지혜와 총명이 있는 자가 누구냐 그는 선행으로 말미암아 지혜의 온유함으로 그 행함을 보일지니라"(약 3:13).

내가 이 단락의 제목을 "**고난**을 통해 이해하게 된 것에 순종하라"라고 붙인 이유는 하나님은 우리를 지으시며, 우리가 '이미' 보게 된 것에 순종하면 '더 많은' 진리를 볼 뿐 아니라, 또한 그러한 순종의 과정에서 괴로움을 견뎌내면 더욱더 많은 것을 보게 하셨기 때문이다. "고난 당한 것이 내게 유익이라 이로 말미암아 내가 주의 율례들을 배우게 되었나이다"(시 119:71). 이처럼 고난은 하나님의 율례를 이해하는 열쇠이다.

믿음 생활의 연수가 좀 있다면 다음과 같은 진리를 알고 있을 것이다. 풍요와 건강, 그리고 평안의 시간은 우리의 감사를 더하기 위해 주시는 하나님의 귀한 선물인 반면, 고통과 슬픔의 시간은 다른 방식으로는 결코 맛볼 수 없는 것들, 예컨대 우리를 붙들어 주시는 하나님의 은혜, 그리고 그분의 선하심과 귀중한 가치를 드러내기 위해 주시는 선물이다.

마르틴 루터(Martin Luther)는 성경 말씀을 잘 해석하기 위해서는 고난이 필요하다는 사실을 그 누구보다도 강력하게 주장했던 사람이었을 것이다.

> 나는 여러분이 신학을 올바로 연구하는 방법을 알기를 바란다. 나 자신이 이 방법을 수련해 왔다 … 여기서 여러분은 세 가지 규칙을 보게 될 것이다. 그 규칙들은 시편(119편)에 자주 등장하는 것들로 다음과 같다. '오라티오'(Oratio), '메디타티오'(meditatio), '텐타티오'(tentation), 곧 기도, 묵상, 시험이다.[8]

루터는 그중에서 '시험'을 시금석이라 불렀다. 그는 시험에 대해 이렇게 썼다. "하나님의 말씀이 얼마나 옳은지, 얼마나 진실한지, 얼마나 달콤한지, 얼마나 사랑스러운지, 얼마나 강력한지, 얼마나 위로가 되는지 알고 이해할 뿐만 아니라 경험할 수 있도록 가르쳐 준다. 그것은 그야말로 최고의 지혜이다."[9] 루터는 자신의 경험을 통해 시험의 가치를 거듭 입증했다.

---

8) Ewald M. Plass, ed., *What Luther Says: An Anthology*, vol. 3 (St. Louis, MO: Concordia, 1959), 1359.
9) Plass, *What Luther Says*, 1360.

당신이 하나님의 말씀을 알게 되는 순간부터 마귀는 당신을 괴롭힐 것이고, 당신을 진정한 박사로 만들 것이며, 그 유혹을 통해 당신이 하나님의 말씀을 구하고 사랑하도록 가르칠 것이다. 이는 나 자신이 … 교황주의자들에게 빚을 졌기에 그렇다. 왜냐하면 그들이 마귀의 격노로 인해 나를 때리고, 짓누르고, 겁박하지 않았다면 나는 훌륭한 신학자가 되고자 하는 목표에 결코 도달할 수 없었을 것이기 때문이다.[10]

이것은 어쩌면 우리가 관찰한 것을 이해하는 능력을 기르는 평생의 여정에 있어서 가장 핵심적인 전략일지 모른다. 회개가 성경 이해의 열쇠라는 비밀을 아는 사람이 세상에 얼마나 되겠는가? 또는 이 말을 이렇게 긍정적으로 표현해 볼 수도 있다. 순종, 특별히 고난을 통한 순종으로 이해의 문이 열릴 것이며, 우리가 그 문으로 들어가면 하나님이 우리를 세상의 유익을 위해, 그뿐 아니라 하나님의 이름에 영광이 되고 우리의 영혼에 기쁨이 되도록 사용하실 것이다.

5. 성경에 전념하는 교회의 교인이 되라

성경에 전념하는 교회에 자리 잡는 것이 중요한 이유는 하나님은 우리가 평생 이해력을 길러가는 이 일을 공동체 안에서 이루어 가도

---

10) Plass, *What Luther Says*, 1360.

록 계획하셨기 때문이다. 성경에는 그리스도인이 이해력을 얻기 위해 홀로 탐구하는 것을 장려하는 말씀이 없다.

초대교회 최초 직분자 중의 한 사람이었던 빌립(행 6:5)은 성령님의 보내심을 받아 에티오피아 여왕 간다게의 내시가 타고 가던 수레를 불러 세웠다. 그 내시는 예루살렘을 떠나는 수레 안에서 이사야 선지자의 글을 읽고 있었는데, 빌립이 그 소리를 듣고 그에게 다가갔고 두 사람 사이에 다음과 같은 대화가 오갔다. "빌립이 … 말하되 읽는 것을 깨닫느냐 대답하되 지도해 주는 사람이 없으니 어찌 깨달을 수 있느냐 … 빌립이 입을 열어 이 글에서 시작하여 예수를 가르쳐 복음을 전하니"(행 8:26-35).

그 내시가 말씀을 읽고 이해하기 위해서는 도움이 필요했다. 이것은 내시를 비난하려는 것이 아니다. 도움을 필요로 하는 것은 죄가 아니다. 그것은 하나님이 우리를 낮추시는 방법일 수도 있지만, 그에 앞서 우리가 이해력을 얻는 과정에서 어느 정도 다른 사람의 도움에 의존하는 것은 하나님이 계획하신 일이기 때문이다. 여기서 '어느 정도'라고 한 것은 하나님은 우리가 스스로 읽고 생각하기를 또한 분명히 바라시기 때문이다. 그러나 그리스도께서 그분의 교회에 다음과 같은 은사를 주신 데는 다 이유가 있다.

"어떤 사람은 목사와 교사로 삼으셨으니 이는 성도를 온전하게 하여 봉사의 일을 하게 하며 그리스도의 몸을 세우려 하심이라 우리가 다 하나님의 아들을 믿는 것과 아는 일에 하나가 되어 온전한 사람을 이루어 그리스도의 장성한 분량이 충만한 데까지 이르리니"(엡 4:11-13).

그리스도께서는 이 땅에 있는 그분의 양들에게 우두머리 "목자와 감독"(벧전 2:25)이 되신다. 하지만 그분은 양들을 먹이는 일, 즉 양들이 하나님의 말씀을 이해하도록 돕게끔 그분 휘하에 있는 목자인 목사와 교사를 보내셨다. 이들이 해야 할 일을 마치고 나면 "목자장이 나타나실" 때 "시들지 아니하는 영광의 관"을 상으로 주신다(벧전 5:4). 우리는 모두 부족한 양들이다. 목사와 교사도 마찬가지다. 따라서 우리는 다른 양에게 배워야 한다는 사실을 불쾌하게 여겨서는 안 된다.

하나님은 교회에 상호의존하는 관계를 마련하셨다. "눈이 손더러 내가 너를 쓸 데가 없다 하거나 또한 머리가 발더러 내가 너를 쓸 데가 없다 하지 못하리라"(고전 12:21). 우리 모두가 다양한 방식으로 다른 신자에게 의존하게끔 하셨다. 그렇게 우리를 낮추실 뿐 아니라 그리스도께서 그분의 교회를 세워 가는 지혜에 주의를 기울이게 하셨다. 교회의 지도자들은 에스라 시대 레위인의 전철을 따라야 한다.

"레위 사람들은 백성이 제자리에 서 있는 동안 그들에게 율법을 깨닫게 하였는데 하나님의 율법책을 낭독하고 그 뜻을 해석하여 백성에게 그 낭독하는 것을 다 깨닫게 하니"(느 8:7-8).

세상을 사는 데 도움이 필요하다는 사실을 부정할 사람은 아무도 없다. 이 책의 독자라면 너무도 기꺼이 그 사실을 인정할 것이다. 우리는 이러한 정신과 마음의 습관을 가르치는 사람들로서 신실한 교사와 학자들이 쌓은 토대 위에 서 있다는 사실을 안다. 그들 중 상당수는 이미 오래전에 세상을 떠났지만, 그들의 목소리는 그치지 않는다. 왜냐하면 하나님이 긍휼을 베푸셔서 우리에게 도움이 되는 위대한 책들을 남겨 두셨기 때문이다. 이에 우리는 감사를 드린다.

더 많은 것을 이해할 수 있는 평생의 특권

그렇다. 지금까지 우리는 하나님이 우리에게 주신 시각과 사고하는 능력을 활용해 관찰하고 이해하는 것에 큰 강조점을 두었다. 물론 이러한 정신과 마음의 습관들은 성경의 이해를 돕는 독서에도 꼭 필요하다. 하나님이 우리에게 관찰하고 이해하는 일을 하게 하셨고, 그러므로 우리가 그 일의 기쁨과 어려움을 벗어 버릴 길은 없다. "내가 말하는 것을 생각해 보라 주께서 범사에 네게 총명을 주시리라"(딤후 2:7). 그것은 우리에게 주신 평생의 특권이다. 여러분이 나와 함께 그 일에 동참하기를 바란다.

우리가 공정하고 올바르게 평가하려고 힘써야 하는 데는 세 가지 이유가 있다. 첫째, 공정하고 올바른 평가는 하나님과 그분의 아들께 영광을 돌린다. 둘째, 공정하고 올바른 평가는 사람에게 유익이 된다. 셋째, 공정하고 올바른 평가는 기쁨을 가져다준다.

3

평가

관찰하고 이해한 것을
공정하고 타당하게
평가하라

관찰 Observation

이해 Understanding

평가 Evaluation

감정 Feeling

적용 Application

표현 Expression

3

Evaluation

평가

여기서 정의하는 '평가하다'라는 말의 의미는 진(진리), 선(선함), 미(아름다움)에 대해, 혹은 우리가 관찰하고 이해한 것에 대해 그 가치를 판단하는 일을 말한다. 우리는 어떤 것이 진실이다 혹은 거짓이다, 선하다 혹은 나쁘다, 맞다 혹은 틀리다, 아름답다 혹은 추하다, 가치 있다 혹은 쓸모없다(또는 그 중간의 어느 정도) 등과 같은 판단을 내리지 않고 살기란 불가능하다.

무언가를 공정하고 올바르게 평가해야 하는 데는 세 가지 긍정적인 이유가 있다. (1) 하나님께 영광을 돌리고, (2) 사람들에게 사랑을 알려 주며, (3) 우리 자신의 기쁨을 더욱 크게 하는 것이다. 만약 그것이 사실이라면(물론 나는 그것이 사실임을 보이려 할 것이다), 우리는 어째서 그러한지, 그리고 어떻게 하면 그 필요성을 인정하는 동시에 적실성 있고, 사랑이 넘치며, 만족스러운 평가를 할 수 있는지 주의 깊게 생각해 보아야 한다.

평가하지 않기란 불가능하다

무언가를 평가하지 않고(판단을 내리지 않고) 살아가는 것이 불가능한 이유는 우리의 의지가 결코 중립적이라고 할 수 없기 때문이다. 진실에 관한 주장을 듣게 될 때나 어떤 행동을 해야 하는지 선택해야 할 때, 혹은 소유의 대상을 결정할 때나 어떤 예술 작품을 볼 때도 우리의 의지는 거의 언제나 일부러 그렇게 하려 하지 않아도 어느 한쪽으로 기울어지기 마련이다. 긍정하든지 부정하든지, 찬성하든지 반대하든지, 유쾌해하든지 불쾌해하든지, 좋아하든지 싫어하든지, 끌리든지 멀리하든지, 선호하든지 말든지, 아니면 원하든지 말든지 하는 것이다. 조금도 기울어지지 않는 참된 중립이란 극히 드물다. 따라서, 만약 우리가 진리나 선함, 아름다움이나 가치에 관해 아무런 판단도 내리지 않고 살아갈 수 있다고 생각한다면, 그것은 아마도 꿈나라에서 살고 있는 것일지도 모른다.

성경에서는 이보다 한 걸음 더 나아가 우리는 단지 중립적으로 사는 것이 불가능할 뿐만 아니라, 타락한 죄인인 우리의 의지는 아예 잘못된 방향으로 꺾여 있다고 말한다. 즉, 우리의 의지는 저절로 한쪽으로 기우는데, 항상 잘못된 방향으로 기운다. "하나님의 진노가 불의로 진리를 막는 사람들의 모든 경건하지 않음과 불의에 대하여 하늘로부터 나타나나니"(롬 1:18). 본성적으로 인간은, 하나님의 은혜로 변화되지 않고서는, 바른 판단을 가로막는다. 이 말은 타락한 인간은 2 더하기 2는 4라는 계산조차 할 수 없다는 뜻이 아니다. 그 말의 참된 의미는 하나님의 은혜가 없이는 그러한 계산법이 언제나 그리스도를 깎아내리는 불신의 근거로 사용될 뿐이라는 뜻이다. 다시 말해서, 사람이 하나님의 일반 은총에 힘입어 2 더하기 2는 4라고 하는 계산이 올바르다는 사실을 정확하게 평가할 수는 있어도, 이것이 하나님의 실재하심을 가리킨다는 것에 대해서는 본능적으로 부인하려 든다는 것이다. 하물며 그리스도에 대해서는 더 말할 것도 없다.

결국 우리는 살면서 피조물을 평가하는 일이 불가피할 뿐만 아니라, 이러한 우리의 평가 능력을 하나님에 대한 반역을 확인하는 일에 사용할 수밖에 없는 죄악된 본성을 갖고 살아간다는 사실 또한 부정할 수 없다. 로마서 8장 7-8절에서 바울이 말했듯이, "육신의 생각[즉, 그리스도를 통해 구속받기 전 인간의 본성적인 정신]은 하나님과 원수가 되나니 이는 하나님의 법에 굴복하지 아니할 뿐 아니라 할 수도 없음이라." 그러므로 구속받지 않은 죄인은 하나님께 영광을 돌리고, 그리스도를 높이며, 사람에게(또한 우리 자신에게도) 영원한 기쁨을 가져다주는 판단을 가로막는다.

결과적으로, 우리가 공정하고 올바르게 평가하려고 힘써야 하는 데는 세 가지 이유가 있다. (1) 공정하고 올바른 평가는 하나님과 그분의 아들께 영광을 돌린다. (2) 공정하고 올바른 평가는 사람에게 유익이 된다. (3) 공정하고 올바른 평가는 기쁨을 가져다준다.

올바른 평가는 하나님께 영광을 돌린다

공정하고 진실한 평가가 하나님께 영광이 되는 가장 기본적인 이유는 오직 하나님만이 그 모든 평가의 진실성을 판단하는 궁극적인 기준이시기 때문이다. 하나님이 없다면 진실한 평가라는 것은 있을 수 없다. 왜냐하면 무언가를 진실하다고 부를 수 있는 최종적인 기준이 없을 것이기 때문이다. 이와 관련하여 우리는 이미 '관찰'과 '이해'의 필수불가결한 존재가 바로 하나님이시라는 사실을 살펴보았다.

우리가 무언가를 정확하게 '관찰'할 수 있다는 희망이 있는 궁극적인 이유는 실제로 우리 바깥에 관찰의 대상이 존재하기 때문이다. 그리고 그것은 하나님이 세상을 창조하시고 그것이 실재할 수 있도록 붙들고 계시기 때문에 가능한 일이다. 하나님과 그분의 창조 행위가 관찰의 기초인 것이다.

마찬가지로, 하나님이 모든 '이해'의 근간이신 이유는 타당한 논리라는 것이 온전히 그분의 성품에 뿌리내리고 있기 때문이다. 이처럼 근원에 계신 하나님의 존재가 없이 어떤 것의 이치를 깨닫는 일은 불가능하다. 왜냐하면 만약 하나님이 '이치를 깨달음'에 타당성을 부여하는 '이치'의 하나님이 아니시라면, 그러한 '이치를 깨달음'이란 그저 우리 뇌에서 일어나는 의미 없는 물질의 이동에 불과할 것이기 때문이다.

그러므로 이제 평가에 관한 것도 동일하다. 어떤 것이 진실이다 혹은 거짓이다, 선하다 혹은 나쁘다, 맞다 혹은 틀리다, 아름답다 혹은 추하다, 정의롭다 혹은 불의하다고 가늠할 수 있는 궁극적인 기준에 근거할 때에만 비로소 타당한 평가가 가능하다. 그리고 그 기준은 하나님이시다. 하나님이 궁극적인 기준이신 이유는 하나님에게서 나오지 않은 어떤 독자적인 기준이란 존재하지 않기 때문이다.

하나님이 모세에게 자신의 이름을 "나는 스스로 있는 자이니라"(출 3:14)라고 말씀하셨을 때, 그것은 하나님 이전에 혹은 하나님 바깥에 그분의 모습을 결정할 수 있는 그 어떤 실재도 존재하지 않는다는 의미이다. 하나님은 절대적 존재이시다. 그분 이전에는 그 어떤 것도 존재하지 않았다. 또한 그분께는 존재의 시작점이 없다. "영원부터 영원까지 주는 하나님이시니이다"(시 90:2). 그분은 다른 어떤 것에도 의존하지 않으신다. 오히려 존재하는 모든 것이 그분께 의존한다. 그러기에 무엇이 진실하고, 선하고, 맞고, 아름답고, 훌륭하고, 소중한지를 평가하는 객관적인 기준이 존재하는 것이다.

하나님은 진실하시다

어떤 것이 진실하다고 평가하는 일이 가능한 이유는 하나님이 진실하시기 때문이다. 또한 하나님이 당신의 진실하신 말씀과 그리스도 안에서 자신을 계시하셨기 때문이다. 예수님은 "내가 곧 길이요 **진리요 생명이니**"(요 14:6)라고 말씀하셨다. 심지어 그분을 대적하는 자들조차 그분 안에 진리가 가득함을 알고 "선생님이여 우리가 아노니 당신은 **참되시고** 진리로 하나님의 도를 가르치시며"(마 22:16)라고 말했다. 예수님은 성육신한 하나님이시며(요 1:14), 하나님은 "진리의 하나님"(사 65:16)이시므로, 그분은 진실하시다. "[예수님]의 증언을 받는 자는 하나님이 참되시다는 것을 인쳤느니라"(요 3:33). "사람은 다 거짓되되 오직 하나님은 참되시다"(롬 3:4).

하나님의 말씀은 진실하다

하나님이 진실하시므로 그분의 모든 말씀과 길도 진실하다. "주 여호와여 오직 주는 하나님이시며 주의 말씀들이 참되시니이다"(삼하 7:28). 참으로 "하나님의 말씀은 다 순전하며"(잠 30:5). "그러하다 주 하나님 곧 전능하신 이시여 심판하시는 것이 참되시고 의로우시도다"(계 16:7). 바로 이와 같은 이유 때문에 우리의 판단이 의미 없지 않다는 희망을 품고 무언가를 평가하는 일이 가능하다. 그러한 판단은 단순히 뇌에서 일어나는 분자의 충돌이 아니다. 진실함은 실재하며, 하나님 안에 뿌리내리고 있다. 그리고 하나님은 그분 안에 있는 그 진리를 말씀으로 드러내셨다. 만약 우리가 그것을 올바로 '관찰'하고 '이해'한다면, 거기에 바탕을 둔 우리의 '평가'는 궁극적인 실재에 뿌리내린 것임을 확신할 수 있다.

하나님과 그분의 말씀은 선하다

마찬가지로, 하나님은 무엇이 '선한' 것인지에 대한 궁극적인 기준이시다. 따라서 어떤 것을 선하다고 평가하는 일은 의미가 있다. 왜냐하면 하나님이 선하시고 또한 친히 모든 선의 척도가 되시기 때문이다. 예수님은 이처럼 선한 것은 결코 사람에게서 나지 않는다는 사실을 지적하기 위해 자신까지도 그저 한 명의 사람에 불과하다고 하시는 자극적인 말씀을 하셨다. "네가 어찌하여 나를 선하다 일컫느냐 하나님 한 분 외에는 선한 이가 없느니라"(막 10:18). 사람에게 무언가 선한 것이 있다면, 그것은 오직 홀로 선하신 하나님에게서 온 것이다.

하나님은 모든 선의 원천이자 척도이시다. 하나님 밖에는 그분의 선하심을 보일 수 있는 어떤 권위도 없다. 그분께 조언할 수 있는 존재란 없다. "만물이 주에게서 나오고 주로 말미암고 주에게로 돌아[가기]" 때문이다(롬 11:36). 이처럼 선은 오직 그분 안에서 나오는 것일 뿐, 밖에서 들어가는 것이 아니다. 하나님은 그저 존재하기 때문에 존재하신다. "여호와는 선하시고 정직하시니"(시 25:8). "너희는 여호와의 선하심을 맛보아 알지어다"(시 34:8). "여호와는 선하시니 그의 인자하심이 영원하고 그의 성실하심이 대대에 이르리로다"(시 100:5).

하나님은 죄가 그분의 창조를 더럽히기 전까지는 모든 것이 좋았고, 또한 심히 좋았다고 선언하셨다(창 1:31). 그런 하나님이 예수 그리스도 안에서 세상에 오신 이유는 죄로 인해 망가진 것들, 그래서 이제는 좋지 않은 모습으로 변해 버린 것들로부터 사람을 구속하시기 위해서다. 그러므로 그분의 백성은 선을 행하고(갈 6:9), 선에 속하라(롬 12:9)는 부르심을 받게 된다. 그 말은 곧 무엇이 선한 것인지를 판단하는 합당한 평가가 가능하다는 의미이다. 왜냐하면 그러한 판단은 모든 선의 척도이신 하나님께 근거를 두고 있기 때문이다.

이러한 주장을 관철하기 위해 가능한 평가 기준을 모조리 언급할 필요는 없다. 무엇이 정의로운지(신 32:4; 계 15:3), 무엇이 옳은지(시 19:8; 25:8; 33:4; 호 14:9), 무엇이 아름다운지(시 27:4; 사 33:17), 무엇이 덕스러운지(벧전 2:9; 벧후 1:3) 그리고 무엇이 보배로운지(욥 22:24-25; 시 36:7; 139:17; 빌 3:7-8) 등에 대한 모든 평가와 판단은 그저 하나님 안에 뿌리내리고 있을 때만 합당하다고 말하면 그걸로 충분하다. 하나님의 존재 자체와 그분의 가르침이 곧 정의롭고, 옳고, 아름답고, 덕스럽고, 보배로운 것이다. 모든 가치의 근간이신 하나님이 그분의 말씀과 세상 안에 당신을 계시하셨으므로 우리는 진실한 평가를 할 수 있다.

예배는 (극도로 긍정적인) 평가이다

그러므로, 다시 한번 말하지만 공정하고 진실한 평가가 하나님께 영광이 되는 가장 기본적인 이유는 하나님이 진실한 평가의 온전한 기준이시기 때문이다. 이것은 다만 합당한 평가가 되려면 궁극적으로 어떠한 근거가 필요한지에 관한 철학적인 진술이 아니다. 여기에는 예배, 곧 하나님의 백성과 함께 드리는 공적 예배를 포함해 평생에 걸친 일상적 예배와 관련한 개인적이고 실천적인 의미가 담겨 있다.

만약에 하나님이 덕스러운 모든 것의 궁극적인 원천과 근거가 아니시라면, 예배에 관한 모든 표현은 전부 의미 없는 것이 되고 만다. 예수님은 "하나님은 영이시니 예배하는 자가 영과 진리로 예배할지니라"(요 4:24)라고 말씀하셨는데, 만약 하나님이 절대적 진리가 아니시라면, '진리로' 드리는 예배 같은 것은 있을 수 없다. 만약 하나님이 진리가 아니시라면, 진리는 존재하지 않게 되고, 따라서 '진리로' 드리는 모든 예배는 그칠 수밖에 없다.

'영으로' 드리는 예배도 마찬가지다. 예배는 그저 하나님에 관한 어떤 진리를 말하는 것이 전부가 아니다. 거기에는 우리가 그 진리를 어떻게 평가하는지 또한 포함되어 있다. 곧, 예배는 하나님의 '가치'를 표현하는 일이다. 예배는 우리가 소중히 여기는 하나님의 진리를 그분의 것으로 인정하는 일이지, 그 진리를 따분하고 불쾌한 것, 혹은 무가치한 것으로 돌리는 일이 아니다. 만약 우리가 그러한 진리를 하나님의 일부로서 소중히 여기지 않는다면, 우리는 예배하는 것이 아니다.

이처럼 예배는 곧 평가이다. 우리는 하나님의 말씀과 하나님이 지으신 세상 속에서 그분을 본다. 또 우리는 그분을 가장 진실하고 좋으며 아름답고 정의롭고 지혜롭고 사랑이 많으며 거룩하신 분으로 평가한다. 그리하여 우리는 하나님께는 물론 우리 서로에게도 이렇게 말한다. "나는 이 하나님을 소중히 여기며, 그 무엇보다도 하나님에 관한 이 진리를 가장 소중히 여긴다!" 이것이 바로 예배의 본질이다.

올바른 평가는 사람들에게 유익하다

공정하고 올바르게 평가해야 하는 두 번째 이유는 그것이 사람들에게 유익하기 때문이다. 만약 올바르게 평가하는 일에 무관심하다면 우리는 사람을 사랑할 수 없다. 사랑은 사람에게 선을 행하기를 전제로 하는 일이다. 하지만 무엇이 선한지 인지하거나 인정할 수 없다면 선을 추구할 수도 없다. 따라서, 평가하지 않으면 사랑할 수 없다.

바울은 "사랑에는 거짓이 없나니 악을 미워하고 선에 속하라"(롬 12:9)라고 말했다. 이 말은 진정한 사랑은 무엇이 악하고 선한지에 무관심할 수 없다는 뜻이다. 진심으로 사랑하기 위해서는 악한 것과 선한 것을 평가할 수 있어야 한다. 바울은 또한 "사랑은 이웃에게 악을 행하지 아니하나니"(롬 13:10)라고도 했다. 따라서, 우리가 만약 옳고 그름을 구분할 수 없다면, 사랑을 택할 수도 없을 것이다.

또 사도 바울은 "[사랑은] 불의를 기뻐하지 아니하며 진리와 함께 기뻐하고"(고전 13:6)라는 말도 했다. 그러므로, 올바로 평가하여 무엇이 진리이고 무엇이 그릇된 것인지 결정하지 못한다면, 사랑할 수 없다. 마지막으로, 바울은 "우리 사람들도 열매 없는 자가 되지 않게 하기 위하여 필요한 것을 준비하는 좋은 일에 힘 쓰기를 배우게 하라"(딛 3:14)라고 했다. 그런데 만약 우리가 '좋은 일'과 '나쁜 일'을 구별할 수 없다면 어떻게 되겠는가? 그러면 우리는 사람들에게 정말로 필요한 것을 준비하는 일에 참된 열매를 맺지 못할 것이다.

올바른 평가는 기쁨을 가져다준다

올바른 평가는 하나님께 영광이 되고 사람들에게 유익할 뿐만 아니라, 또한 우리 자신과 다른 사람에게 기쁨을 가져다준다. 성경은 적어도 다음과 같은 여섯 가지 측면에서 이 사실을 명백히 드러낸다.

첫째, 만약 우리가 관찰하고 이해한 것을 올바로 평가하지 않으면, 우리는 하나님의 선하심을 알 수 없다. 그런데 하나님의 선하심이야말로 우리가 누리는 모든 기쁨의 근거이다. "여호와의 선하심을 맛보아 알지어다 그에게 피하는 자는 복이 있도다"(시 34:8). 만약 우리가 하나님의 선하심을 평가하고 인정하여 그분께 피하지 않는다면, 우리는 충만하고 영원한 기쁨을 잃을 것이다. "주의 앞에는 충만한 기쁨이 있고 주의 오른쪽에는 영원한 즐거움이 있나이다"(시 16:11).

둘째, 만약 우리가 관찰하고 이해한 것을 올바로 평가하지 않으면, 우리는 복음의 참모습, 곧 좋은 소식을 인정하지 못할 것이다. 복음이 좋은 소식이라는 것을 분별할 수 없다면, 그것이 우리의 구원과 기쁨이라는 사실도 받아들일 수 없을 것이다. "무서워하지 말라 보라 내가 … 큰 기쁨의 좋은 소식을 너희에게 전하노라"(눅 2:10). "좋은 소식을 전하며 평화를 공포하며 복된 좋은 소식을 가져오 … 는 자의 산을 넘는 발이 어찌 그리 아름다운가"(사 52:7). 복음을 좋은 소식으로 평가할 수 없다면, 복음의 기쁨을 잃어버리게 된다.

셋째, 만약 우리가 관찰하고 이해한 것을 올바로 평가하지 않으면, 우리는 하나님의 약속과 목적에 담긴 선하심을 볼 수 없을 것이다. 하지만 우리를 향한 하나님의 신비로운 목적 안에 그분의 선하심이 있음을 볼 때, 비로소 우리는 환난 중에 즐거워할 수 있다(롬 5:3). "우리가 알거니와 하나님을 사랑하는 … 자들에게는 모든 것이 합력하여 선을 이루느니라"(롬 8:28). "내가 그들에게 복을 주기 위하여 그들을 떠나지 아니하리라 하는 영원한 언약을 그들에게 세우고"(렘 32:40). 만약 우리가 하나님의 목적과 약속을 선한 것으로 평가하지 못한다면, "근심하는 자 같으나 항상 기뻐하[는]"(고후 6:10) 그리스도인의 기적을 경험하지 못하게 된다.

넷째, 만약 우리가 올바르게 평가하지 못하면, 우리는 의에 주리고 목말라(마 5:6) 하지 않을 것이고, 정직한 마음에서부터 누릴 수 있는 기쁨을 잃게 될 것이다. "너희 의인들아 여호와를 기뻐하며 즐거워할지어다 마음이 정직한 너희들아 다 즐거이 외칠지어다"(시 32:11). "항상 공의를 행하는 자는 복[기쁨!]이 있도다"(시 106:3). "너희 의인들아 여호와를 즐거워하라 찬송은 정직한 자들이 마땅히 할 바로다"(시 33:1). "의인을 위하여 빛을 뿌리고 마음이 정직한 자를 위하여 기쁨을 뿌리시는도다"(시 97:11). 만약 우리가 무엇이 옳은지 올바로 평가하지 않는다면, 그것을 찾는 이가 누리는 기쁨을 얻지 못할 것이다.

다섯째, 만약 우리가 올바르게 평가하지 못하면, 하나님이 풍성히 주시는 좋은 선물들의 기쁨을 잃게 될 것이다. 하나님이 주시는 선물이 좋은 것임을 알고 거기서 기쁨을 누린다는 말은 우리가 그것을 좋은 것이라고 평가하는 일을 전제로 한다. "네 하나님 여호와께서 너와

네 집에 주신 모든 복으로 말미암아 너는 레위인과 너희 가운데에 거류하는 객과 함께 즐거워할지니라"(신 26:11).

여섯째, 만약 우리가 올바르게 평가하지 못하면, 우리는 다른 사람에게 가장 심오하고 변하지 않는 기쁨을 전하는 도구가 되지 못할 것이다. 우리는 이미 다른 사람에게 무엇이 좋은지 평가할 수 없다면 그들을 사랑할 수 없다는 사실을 살펴보았다. 사랑은 다른 사람이 가장 심오하고 변치 않는 기쁨을 누릴 수 있도록 기꺼이 자신을 희생하는 것이다. 따라서 우리가 그들에게 영원히 지속되는 기쁨을 가져다 주고자 한다면, 그들에게 무엇이 좋은 것인지 평가할 수 있어야만 한다. 예수님이 하신 말씀과 하신 일은 모두 그분을 믿는 이들에게 영원한 기쁨을 가져다주고자 하신 것이다(요 3:16; 15:11). 우리가 해야 할 일은 그 큰 기쁨의 좋은 소식을 가능한 한 많은 사람에게 보여 주는 것이다. 그러나 만약 우리가 예수님의 말씀과 행위를 좋은 것이라고 평가하지 않는다면, 우리는 결코 그러한 기쁨을 나누고자 하지 않을 것이다.

공정하게 평가한다는 것의 의미

즉, 우리가 응당 해야 할 평가를 하지 못한다면, 그것은 하나님의 이름을 더럽히는 것이요, 인간관계에서 무책임하고 무심하게 행동하는 일이며, 나아가 (우리 자신과 다른 사람의) 기쁨을 추구하는 일을 가로막는 것이다. 이것을 보여 주기 위해 나는 우리가 해야 하는 평가의 기준이 바로 세상과 말씀 가운데 자신을 계시하신 하나님이심을 증명하고자 했다. 이제 우리는 '공정하게'라는 표현을 살펴보려고 한다. 앞서 나는 우리의 평가가 올바를 뿐 아니라 공정해야 한다고 말했다. 그렇다면 그 공정함이란 무엇을 의미하는가?

성경에서 말씀하는 황금률(마 7:12; 눅 6:31)을 다음과 같이 조금 다른 말로 바꾸어 보겠다. "저자가 독자에게 해주길 바라는 대로 독자도 저자를 대하라." 이 말의 근본적인 원리는 '비판하기 전에(평가하기 전에) 이해하라'가 될 것이다. 동의하거나 반대하기 전에 먼저 이해하라. 이것이 바로 우리 모두가 다른 사람에게 바라는 태도일 것이다. 나를 비판하기 전에 먼저 내 말을 들어보라. 물론 이러한 원리는 글을 쓰는 저자에게만이 아니라 말을 하는 연사에게도 동일하게 적용된다.

미련하여 욕을 당함

성경에서 이 원리가 가장 분명하게 나타나는 곳은 잠언 18장 13절이다. "사연을 듣기 전에 대답하는 자는 미련하여 욕을 당하느니라." 다른 사람의 말을 이해하기 전에 반응하는 것은 왜 미련한 일일까? "무슨 말을 하는 건지 잘 모르겠지만, 당신에게 동의할 수 없습니다."라고 말하는 것은 왜 미련한 짓일까? 그것은 마치 허공에 화살을 쏘는 것과 같기 때문이다. 돈키호테처럼 풍차를 향해 돌진하는 것과 같다. 사실 그것은 허공에 대고 화살을 쏘는 것보다 훨씬 더 어리석은 일이다. 왜냐하면 실상 그런 일은 저자의 의도를 상상해서 만들어 놓고 거기에 대고 화살을 쏘는 것이며, 따라서 비판의 표적은 오직 우리의 머릿속에만 존재하므로, 결국 우리 자신에게 화살을 쏘는 일이기 때문이다.

이렇게 이해하기 전에 비판하는 것은 정직한 일이 아니므로 부끄러운 행동이다. 우리는 저자의 생각을 비판한다고 주장하지만, 사실은 그렇지 않다. 단지 저자의 생각을 왜곡하거나 무시하면서 그것을 비판하고, 그러면서 자신이 옳다고 주장할 뿐이다. 하나님은 이처럼 정직하지 못한 행동을 기뻐하지 않으신다. 이해하지 않고 비판하는 부끄러운 습관은 어쩌면 자기를 높이려는, 일종의 교만과 같은 더 깊은 죄악에 뿌리내리고 있을 수 있다. "미련한 자는 명철을 기뻐하지 아니하고 자기의 의사를 드러내기만 기뻐하느니라"(잠 18:2).

교만에서 비롯되는 미련한 행동과 그로 인해 당하는 욕(수치)이 이와 같다. 우리는 잘못된 모습을 보이고 싶어 하지 않는다. 그래서 그런 모습이 드러나는 것을 피하려 하는데, 그렇게 하는 한 가지 방법은 이해하려고 모험하지 않는 것이다. 왜냐하면 그러한 이해는 우리의 마음을 변화시킬 수 있기 때문이다. 즉, 겸손하게 만드는 것이다. 그러니 애초에 이해라는 문제 자체를 회피하고, 내용을 왜곡하며, 다른 사람이 의미했던 것보다 자기 생각에 빠져 기고만장해지는 것을 차라리 선호한다. 본래 그 사람이 의도했던 것이 아님에도 말이다.

모티머 애들러는 저자의 한계를 이렇게 지적한다. "저자는 '잠깐만요, 반대하기 전에 제 말을 들어 보세요'라고 말할 길이 없다. 독자가 자신을 오해하여 전달하고자 하는 핵심을 놓쳤다고 항의할 길이 없는 것이다." [1] 그래서 애들러는 이렇게 말한다. "중요한 것은 지켜야 할 '지적' 에티켓이 있다는 점이다. 그것이 없이는 대화가 유익한 의사소통이 아닌 말다툼이 되고 만다." [2] 그 에티켓의 주된 규칙(단지 예의를 차리기 위함이 아닌 성경적인 규칙)은 이것이다. "우리는 '동의합니다'나 '반대합니다', '판단을 유보합니다' 등의 말을 하기 전에 정당한 확신을 갖고 '이해합니다'라고 말할 수 있어야 한다 ⋯ 이해하지 않고 동의하는 것은 무의미한 일이고, 이해하지 않고 반대하는 것은 무례한 일이다." [3]

당신의 평가에 대해 근거를 제시하라

공정한 평가(평가하기 전에 이해하라)라는 규칙에는 우리가 내린 평가에 근거가 있어야 한다는 규칙이 내포되어 있다. 그것이 이해에 관한 핵심이다. 우리는 배워서 더욱 성숙해지기 위해 글을 읽는다. 그런데 그러한 성장은 우리가 무언가에 동의하는지 아니면 반대하는지 결정하

---

1) Mortimer J. Adler and Charles Van Doren, *How to Read a Book: The Classic Guide to Intelligent Reading* (New York: Touchstone, 1972); 모티머 J. 애들러, 찰스 반 도렌, 『생각을 넓혀주는 독서법』, 독고 앤 역, 시간과공간사.
2) Adler and Van Doren, *How to Read a Book*, 138; 애들러, 반 도렌, 『생각을 넓혀주는 독서법』.
3) Adler and Van Doren, *How to Read a Book*, 142-43; 애들러, 반 도렌, 『생각을 넓혀주는 독서법』.

는 일만으로 다 되는 것이 아니다. 그것에 동의하거나 반대하는 이유를 생각함으로써 이루어진다. 이유를 생각하지 않고서는 지식이 성장하는 것이 아니라 그저 의견만 쌓여갈 뿐이다.

그에 관해 애들러는 이렇게 말했다. "지식과 단순한 개인적 의견 사이에는 차이가 있다. 이 차이를 존중하려면 비평적인 판단을 할 때 그에 대한 이유를 제시해야 한다."[4] 예를 들어, 성경 주석을 읽는 문제에 대해 지금까지 내가 들었던 최고의 조언은 "결론이 아니라 논쟁을 살펴보라."는 것이었다. 곧 의견이 아닌 이유를 찾으라는 뜻이다.

어떤 책에 대해 부정적인 평가를 하려고 할 때는 그 책의 주장에 정당한 비판을 제기할 만한 부분은 없는지 고민해 보는 것이 도움이 된다. 애들러는 다음과 같은 제안을 한다.

> [어떤 책에 대해 부정적인 비판이 제기될 수 있는 경우] 네 가지를 마치 독자가 저자와 이야기를 주고받는 것처럼 상상해서 간단히 정리할 수 있다. 독자는 "이해는 되지만 동의하지 않습니다."라고 말한 후에 저자에게 다음과 같은 언급을 할 수 있다. (1) "그 주장에는 근거가 없습니다." (2) "그 주장은 근거가 잘못됐습니다." (3) "그 주장은 비논리적입니다. 즉 추론에 설득력이 없습니다." (4) "그 분석은 불완전합니다."[5]

---

4) Adler and Van Doren, *How to Read a Book*, 150; 애들러, 반 도렌, 『생각을 넓혀주는 독서법』.
5) Adler and Van Doren, *How to Read a Book*, 156; 애들러, 반 도렌, 『생각을 넓혀주는 독서법』.

- 근거가 없음: 저자가 필요한 요소들을 전부 다 세심하게 살피지 못했다.
- 근거가 잘못됨: 저자가 자신의 근거가 확실한 것인지 확인하지 못했다.
- 비논리적임: 저자가 논리적으로 타당하지 못한 전제에서 추론을 이끌어냈다.
- 불완전함: 저자가 편향적이거나 부주의하여 관련된 모든 사안을 다 고려하지 못했다.

물론 문체나 태도에 대한 비판을 제기할 수도 있지만, 애들러가 이야기하려는 바는 저자가 자신이 주장하는 요점을 설득력 있게 제시하는가이다. 만약 우리가 그 주장에 설득력이 없다고 평가한다면, 그 이유를 제시할 수 있어야 한다. 그리고 그러한 이유는 애들러가 위에서 제안한 네 가지 결점, 곧 근거 없음, 잘못된 근거, 비논리적, 불완전함 중의 하나 혹은 그 이상과 관련이 있을 것이다.

죄의 문제?

나는 애들러의 『생각을 넓혀주는 독서법』이라는 책에 극찬을 아끼지 않으며, 거기서 제시하는 유익하고 공정한 독서를 위한 훌륭한 조언들 역시 굉장히 가치 있게 생각한다. 하지만 내가 그 책의 가치를 높이 사는 만큼 또한 비판할 수밖에 없는 것은 그의 세계관이 공정하고 올바른 평가를 가로막는 가장 큰 걸림돌에 대해 피상적인 견해를 보여 주기 때문이다. 즉, 인간의 불합리성을 해석하는 데 있어 그는 죄의 문제를 간과한다. 내 생각에 애들러의 이러한 견해는 잘못된 근거에서 기인한 것이다. 사람들은 왜 자신의 관찰력과 사고력을 온전히 사용하여 정확하게 이해하고 또 공정하고 올바르게 평가하려 하지 않는 것일까? 이에 대해 애들러는 아래와 같이 분석한다. 그는 절망적인 회의주의를 극복하려 애쓰지만, 사람들은 그 생각에 동의하지 않을 것이다.

이성적인 사람이라면 누구나 합의점에 이를 수 있다. 이를 인정하지 않는 사람은 토론의 유익에 대해 절망할 것이다. 여기서 '이를 수 있다'라고 한 말을 주목하라. 우리는 이성적인 사람이라면 누구나 합의점에 '이른다'고 말하지 않았다. 설사 동의하지는 않더라도 … 할 수는 있다. 이 두 가지 사실, 곧 사람들의 의견이 불일치하면서도 동의할 수 있다는 사실은 인간 본성의 복잡성에서 연유한다. 사람은 이성적인 동물이다. 이러한 사람의 합리성이 곧 동의할 수 있는 능력의 원천이다. 반면에 동물적인 본성과 거기서 비롯되는 이성의 불완전함은 대다수 의견 불일치의 원인이다. 인간은 열정과 편견의 피조물이다.[6]

---

[6] Adler and Van Doren, *How to Read a Book*, 147; 애들러, 반 도렌, 『생각을 넓혀주는 독서법』.

"인간은 이성적인 동물이다." 이것의 그의 세계관을 엿볼 수 있는 단서이다. 우리의 존재는 이성적인 동물일 뿐이다. 다른 동물들보다 조금 더 수준 높은 사고를 할 수 있는 동물이라는 뜻이다. 우리에게는 하나님과의 관계에서 즐거운 복종이나 교만한 저항을 선택할 수 있는 그런 영혼 따위는 존재하지 않는다. 따라서, 애들러는 우리의 '열정과 편견'이 우리가 '동물성'에 희생된 결과라고 생각한다. 그의 견해 속에는 우리의 관찰과 이해와 평가를 심각하게 더럽히고 왜곡하는 죄가 들어올 자리가 없다. 그러므로, 글을 잘 읽는 것에 관한 그의 주장은 단지 인간의 본성에 대한 잘못된 근거에서 기인할 뿐만 아니라(눈을 가리는 사탄의 역사는 차지하고서라도), 구속의 소망을 배제한다는 점에서 또한 불완전하다.

성경적인 진단과 치료

기독교의 성경에는 이해에서 평가로 나아가는 과정의 커다란 걸림돌이 바로 '죄의 실재'라고 하는 심오한 통찰이 담겨 있다. 바울은 그리스도 없는 인간의 현실을 이렇게 묘사했다. "그들의 총명이 어두워지고 그들 가운데 있는 무지함과 그들의 마음이 굳어짐으로 말미암아 하나님의 생명에서 떠나 있도다"(엡 4:18). "하나님을 알되 하나님을 영화롭게도 아니하며 감사하지도 아니하고 오히려 그 생각이 허망하여지며 미련한 마음이 어두워졌나니"(롬 1:21). 죄로 인한 부패와 반역은 어둠을 불러온다. 그 말은 곧, 하나님의 실재라는 빛에 비추어 이해하거나 평가하지 못한다는 뜻이다. 그 결과, 우리는 현실을 완전히 거꾸로 보게 된다. "그들의 신은 배요 그 영광은 그들의 부끄러움에 있고"(빌 3:19). 다시 말해서, 구속이 없이는 올바른 평가란 완전히 불가능하다.

칭의와 올바른 평가

그렇지만 성경에는 이 무지와 어둠에서 헤어날 수 있는 길 또한 제시되어 있다. 우리의 눈을 가리는 이 부패함의 근원은 하나님 앞에 실재하는 죄악이다. 그 죄악에 대한 형벌을 지고 죽으시기 위해 그리스도께서 세상에 오셨다(롬 8:3). 그분이 우리를 위해 저주를 받으셨고(갈 3:13), 그분의 몸으로 우리의 죄를 담당하셨다(벧전 2:24). 그분은 우리의 허물 때문에 찔리셨으며(사 53:5), 그분의 죽으심으로 말미암아 하나님의 공의에서 비롯된 진노가 채워졌다(롬 3:25).

그러므로, 그리스도를 우리의 구원자와 주님으로 귀히 여기고 신뢰할 때 우리는 죄 사함을 받는다. "그를 믿는 사람들이 다 그의 이름을 힘입어 죄 사함을 받는다 하였느니라"(행 10:43). 따라서 믿음으로 그분과 연합할 때(갈 3:26), 우리는 하나님 앞에 의롭다 하심을 받는다(롬 5:1). 그분은 우리를 하나님의 아들로 입양하시며(갈 4:5), 우리 마음에 성령님을 부어주신다(롬 5:5). 그리고 우리를 흑암의 권세에서 그리스도의 나라로 옮겨 주신다(골 1:13).

성화와 올바른 평가

이제는 영광에서 영광에 이르는 변화의 삶이 시작된다(고후 3:18). 예수님은 "나는 세상의 빛이니 나를 따르는 자는 어둠에 다니지 아니하고 생명의 빛을 얻으리라"(요 8:12)라고 말씀하셨다. 우리를 "어두운 데서 불러 내어 그의 기이한 빛에 들어가게"(벧전 2:9) 하셨다. "하나님께서 예수 그리스도의 얼굴에 있는 하나님의 영광을 아는 빛을 우리 마음에 비추셨느니라"(고후 4:6). "너희가 전에는 어둠이더니 이제는 주 안에서 빛이라 빛의 자녀들처럼 행하라"(엡 5:8).

죄를 사하시는 그리스도의 칭의의 능력과 죄를 이기게 하시는 성령님의 변화의 능력으로 우리의 삶 가운데 이성을 파괴하는 사탄의 속박이 깨어진다. 그로써 우리가 "깨어 마귀의 올무에서 벗어나 하나님께 사로잡힌 바 되어 그 뜻을 따르게"(딤후 2:26) 된다. 또한, 우리 마음의 눈이 밝아져(엡 1:18) 현실을 있는 그대로 보게 된다. 그리하여 공정하고 올바르게 평가하는 능력이 자라기 시작하는 것이다. 그리스도의 십자가는 더 이상 어리석은 것이나 거리끼는 것이 아니다(고전 1:23-24).

기도의 필요성

앞서 관찰과 이해의 습관에서 보았던 것처럼, 평생 배움에 없어서는 안 되는 것이 바로 기도이다. 바울은 "너희 사랑을 지식과 모든 총명으로 점점 더 풍성하게 하사"라고 기도하면서 "너희로 지극히 선한 것을 분별하며"(빌 1:9-10)라고 덧붙임으로써 그 간구의 목표가 이러한 분별력에 있음을 강조했다. 즉, 우리가 올바로 평가할 수 있게 해달라는 기도이다. 구속받은 죄인이 공정하고 올바르게 평가하는 능력을 기르기 위해서는 기도가, 다시 말해 하나님의 도우심이 명백하게 필수 불가결하다.

올바른 평가를 위해 평생 자라가기

평생 배움이란 정신과 마음의 습관이 성장하여 주의 깊고 철저하게 '관찰'하고, 정확하게 '이해'할 뿐 아니라, 공정하고 올바르게 '평가'하는 것 또한 의미한다. 우리는 그러한 평가가 필연적인 과정임을 보았다. 우리의 의지는 자연히 그러한 일을 수행한다. 하지만 그 일을 공정하고 올바르게 하는 것은 자연히 되지 않는다. 이것은 평생의 도전 과제이다. 그것이 바로 평생 배움이 필요한 이유이다.

하나님의 아름다움과 그 가치를 올바로 깨닫고 균형을 잘 갖춘다면, 우리는 영원히 지속되고 그 깊이를 헤아릴 수 없는 만족을 누리게 된다. 그것이 바로 하나님을 영화롭게 하고 사람을 사랑하는 핵심이다. 그러기에 감정을 빚는 것은 평생 배움에 있어 꼭 필요한 일이다.

4

감정

관찰하고 이해하고
평가한 것의 가치를
올바르게 느끼라

관찰 Observation
이해 Understanding
평가 Evaluation
감정 Feeling
적용 Application
표현 Expression

4

Feeling

감정

    평생 교육은 생각할 수 있는 정신을 빚을 뿐 아니라 또한 느낄 수 있는 마음을 갖추는 일에도 힘써야 한다. 나는 사람의 정신을 변화시키는 것과 마음을 변화시키는 것이 매우 다른 일임을 알고 있다. 사람의 생각은 설득력 있는 주장으로 바꿀 수 있지만, 마음의 감정은 그런 방식으로 움직이지 않는다. 오히려 감정은 그보다 더 자발적인 것이어서 누가 그것을 통제한다고 해서 거기에 즉각적으로 반응하지 않는다. 예를 들어, 분노나 비통함 때문에 어떤 주장에 설득되는 사람은 찾아보기 힘들다. 평생 교육을, 느낄 수 있는 마음을 형성해 가는 일로 이해한다면, 교육이라는 과업이 단순히 인간만이 아닌 하나님의 성령께서 관여하시는 일이라는 사실이 명백해진다.

없어서는 안 될 감정

정서적으로 건강하고 성숙한 사람이 되는 데 있어 감정은 결코 무시할 수 있는 요소가 아니다. 사실 인간이 온전해지기 위해서는 다음의 세 가지 실재가 꼭 있어야만 한다. 마음의 '감정', 정신의 '생각', 그리고 의지의 '결정'이 그것이다. 만약 진실한 생각을 하고 도덕적인 결정을 내릴 수 있다 하더라도 감정이 잘못된 방향을 향하거나 균형을 잃은 경우, 혹은 아예 죽어서 제 기능을 하지 못하는 경우, 그 사람은 교육을 통해 온전해질 수 없다.

여기서 내가 '잘못된 방향을 향한다'고 한 말은 부정한 성관계를 원한다거나, 보도블록의 갈라진 틈 밟기를 두려워한다거나, 혹은 돈을 사랑하는 것 등을 의미한다. 또한 '균형을 잃는다'는 말은 주변의 이웃보다 자기 고양이를 더 사랑한다거나, 하나님을 화나게 하는 일보다 사람의 비판을 더 두려워하는 것, 혹은 자기 자신의 죄보다 아내의 죄에 더 화를 내는 것 등을 뜻한다. 마지막으로 감정이 '죽었다'는 말은 사람이 사랑하는 가족을 잃거나, 끔찍한 교통사고를 목격하거나, 혹은 다른 사람에게 아주 큰 상처를 주고서도 아무 감정도 느끼지 못하는 것을 뜻한다. 한마디로, 만일 교육의 목표가 온전한 인간을 형성하는 데 있다고 한다면, 사람의 마음과 거기서 비롯되는 감정을 형성해 가는 일에 무관심할 수는 없다는 뜻이다.

감정이 중요한 이유

감정이 잘못된 방향을 향하거나, 균형을 잃거나, 혹은 죽을 수 있다는 점에 대해서는 그리스도인이 아닌 사람들도 동의한다. 더 나아가 정서적 건강을 추구하기 위해서는 특별한 노력이 필요하다는 점에도 그들 대부분이 동의할 것이다. 하지만 인간의 감정에 대한 기독교적 관점은 이처럼 그저 인간적이기만 한 시각을 초월한다. 왜냐하면 그러한 시각으로는 영생하는 인간의 영혼과 하나님의 실재를 설명할 수 없기 때문이다. 그리스도인에게 있어 정서적 건강의 문제는 사람이 이 세상에서 잘 살아가는 데 필요한 무언가라는 일반적 관점보다 훨씬 더 많은 것들이 걸려 있다.

성경에는 느낄 수 있는 인간의 마음이 엄청나게 강조되어 있다. 그 이유는 단지 적절한 감정이 있어야 사람이 이 세상에서 살아갈 수 있기 때문이 아니라, 그러한 감정이야말로 인간의 영혼에 끊이지 않는 만족감을 줄 뿐 아니라, 하나님께 영광을 돌리고 사람을 사랑하는 일에 필수적이기 때문이다. 우리가 추구하는 평생 교육의 목표는 사람을 사랑하고 하나님께 영광 돌리며 영원히 행복한 사람을 만드는 것이다. 그런데 이 세 가지 목표는 오직 마음의 성장을 통해서만 성취할 수 있고, 이러한 마음의 성장은 진정으로 생명력 있는 감정을 경험함으로써만 가능하다. 그리고 이 생명력 있는 감정이란 본질에서 벗어나지 않는 합당한 대상을 향해야만 한다.

감정이란 무엇인가?

성경에서 인간의 감정이 두드러지게 나타나고 있다는 사실과 또 왜 그러한지에 대해 살피기 전에, 먼저 우리가 말하는 '느낌'이 무엇을 뜻하는지 잠시 이야기해 보자. '느낌'이라는 단어는 인간의 다양한 경험을 지칭할 수 있다. 심지어 피부에 느껴지는 감각을 가리킬 수도 있다. 예를 들어, 우리는 "엄지발가락에 어떤 느낌이 있습니까?"라고 말할 수 있다. 또는 감정에 따른 육체적 현상을 언급할 수도 있다. 예컨대, 사람들 앞에 나서서 연설해야 할 때 우리는 "심장이 터질 것 같은 느낌이야."라고 말하기도 하는데, 이는 몸에서 어떤 불안한 감정이 느껴지고 있음을 뜻하는 말이다. 내가 보기에 단순히 '느낌'에 관한 육체적 측면에만 초점을 맞추면 맞출수록, 거기에 있는 도덕적이고 영적인 중요성은 더욱더 희석된다. 우리가 여기서 초점을 맞추고자 하는 부분은 그런 것이 아니다.

우리가 가장 큰 관심을 두는 측면은 마음의 상태에서 기인하고 또한 그 마음의 참된 도덕적 상태를 드러내 주는 그러한 '감정'에 관한 것이다. 예수님은 이렇게 말씀하셨다. "속에서 곧 사람의 마음에서 나오는 것은 … 음탕과 질투와 … 교만과 우매함이니 이 모든 악한 것이 다 속에서 나와서 사람을 더럽게 하느니라"(막 7:21-23). 물론 우리는 마음에서 비롯된 악한 '행위'에 관해 이야기할 수 있다. 하지만 방금 인용한 구절에서 이를 생략한 이유는 감정 역시 마음에서 나온다는 사실과 그 감정이 악할 수 있다는 사실에 초점을 맞추기 위해서다.

다른 곳에서 예수님은 이런 말씀도 하셨다. "화 있을진저 외식하는 서기관들과 바리새인들이여 잔과 대접의 겉은 깨끗이 하되 그 안에는 탐욕과 방탕으로 가득하게 하는도다"(마 23:25-26). 이는 탐욕과 방탕이라는 죄악된 감정의 원천이 바로 마음이라는 사실을 말씀하신 것이다. 야고보는 외적인 싸움의 원인이 마음에서부터 나오는 감정에 있다고 지적한다. "너희 중에 싸움이 어디로부터 다툼이 어디로부터 나느냐 너희 지체 중에서 싸우는 정욕으로부터 나는 것이 아니냐 너희는 욕심을 내어도 얻지 못하여 살인하며 시기하여도 능히 취하지 못하므로 다투고 싸우는도다"(약 4:1-2). 정욕, 욕심, 시기. 이런 것들은 그 자체로 악할 뿐 아니라, 거기서부터 수많은 외적 범죄가 발생한다.

내가 관심을 갖고 있는 부분은 육체적 측면이 아닌 이처럼 도덕적인 의미를 부여하는 감정에 관한 것이다. 우리는 엄지발가락에 느낌이 없을 때 그것을 도덕적으로 악하다고 생각하지 않는다. 그러나 음탕과 질투와 교만은 악하다고 생각한다. 그것이 바로 우리의 관심사다. 감정은 악할 수 있고, 그런 감정은 변화되어야 한다. 반면에 감정은 선할 수 있으며, 그런 감정은 계속해서 성장해 가야 한다.

선한 감정은 무엇을 가리키는가?

감정을 '선하다'라고 칭하기 위해서는 한 가지 분명히 해야 할 것이 있다. 하나님의 일반 은총(믿지 않는 세상에 하나님이 은혜로 주시는, 그러나 구원의 능력은 없는 선물. 마 5:45; 행 14:17; 롬 2:4) 덕분에 그리스도인이 아닌 사람들도 '선한' 감정을 가질 수 있다. 여기서 말하는 '선함'이란 그러한 감정을 통해 평화로운 관계와 개인적인 즐거움, 그리고 대중적으로 인정받는 성숙함과 건전함을 어느 정도 누리며 살 수 있다는 의미이다. 하지만 다른 의미에서 이와 같은 '선한' 감정은 하나님과의 관계라는 측면에서는 선한 것이 아니다. 왜냐하면 그런 감정은 하나님을 높이고자 하는 의식에서 나온 것이 아니며, 또한 마음속 믿음에서 나오는 것도 아니기 때문이다.

불신자에게서 나오는 감정은 그것이 아무리 성숙하고 균형을 갖춘 감정이라 해도 믿음의 토양에서 자라나지 않는다. 그것은 그리스도 안에서 성령의 열매("사랑과 희락과 화평과 오래 참음과 자비와 양선과 충성과 온유와 절제", 갈 5:22-23)를 맺게 하시는 하나님의 은혜를 신뢰하는 마음에서 나오는 것이 아니다. 성령님이 이루어 주시는 감정이 아니며, 따라서 거기에는 그리스도의 모양과 향기가 없다(롬 8:29; 갈 4:19). 또한 그러한 감정은 그것을 통해 하나님이 영광 받으시기를 바라는 소망과 열망의 마음에서 나오지도 않는다. 그것은 그리스도에게서 나온 것도, 그리스도로 말미암은 것도, 또한 그리스도를 위한 것도 아니다. 이는 결국 "믿음을 따라" 나온 것이 아닌데, 이에 대해 바울은 "믿음을 따라 하지 아니하는 것은 다 죄니라"(롬 14:23)라고 했다.

평생 교육과 관련하여 우리의 관심은 '믿음을 따른' 감정을 추구하는 데 그 초점이 맞춰져 있다. 나는 이것을 '영적인 정서'라고 부른다.

'정서'라는 말은 그것이 마음에서(그저 몸에서만이 아니라) 우러나오는 도덕적 의미를 지닌다는 점을 보여 준다. 그리고 '영적'이라는 말은 믿음으로 말미암아 성령님이 정서를 일으키고, 형성하며, 또한 인도하신다는 의미가 담겨 있다.

성경에서 말하는 감정의 중요성

선한 감정에 관한 설명은 이 정도로 마무리하고, 이제 성경 안에 이 감정에 관한 내용이 얼마나 광범위하게 나타나며 얼마나 중요한지 살펴보도록 하자. 먼저, 시편에서 표현된 다양한 종류의 감정을 간단히 들여다보자. 수많은 그리스도인이 시편에 깊은 애정을 품는다. 그 대표적인 이유 중 하나는 바로 시편이 인간이 느낄 수 있는 굉장히 다양한 종류의 감정을 표현하고 있기 때문이다. 아래에 몇 가지 예를 가져와 본다.

- 외로움: "나는 **외롭고** 괴로우니"(시 25:16).
- 사랑: "나의 힘이신 여호와여 내가 주를 **사랑**하나이다"(시 18:1).
- 경외(Awe): "세상의 모든 거민들은 그를 **경외**할지어다"(시 33:8).
- 경외(Fear): "여호와를 **경외함**으로 섬기고"(시 2:11).
- 슬픔: "내 일생을 **슬픔**으로 보내며"(시 31:10).
- 후회: "내 죄를 **슬퍼함**이니이다"(시 38:18).

4. 감정 161

- 통회: "상하고 **통회**하는 마음을 주께서 멸시하지 아니하시리이다"(시 51:17).
- 낙심: "내 영혼아 네가 어찌하여 **낙심**하며"(시 42:5).
- 불안: "어찌하여 내 속에서 **불안**해 하는가"(시 42:5).
- 수치: "**수치**가 내 얼굴을 덮었으니"(시 44:15).
- 즐거움(Exultation): "주의 구원으로 말미암아 크게 **즐거워**하리이다"(시 21:1).
- 즐거움(Delight): "오직 여호와의 율법을 **즐거워**하여"(시 1:2).
- 기이함: "이는 여호와께서 행하신 것이요 우리 눈에 **기이한** 바로다"(시 118:23).
- 기쁨(Joy): "주께서 내 마음에 두신 **기쁨**은 그들의 곡식과 새 포도주가 풍성할 때보다 더하니이다"(시 4:7).
- 기쁨(Gladness): "내가 주를 **기뻐**하고 즐거워하며"(시 9:2).
- 분노: "너희는 **떨며** 범죄하지 말지어다"(시 4:4; 우리말 '떨며'로 번역된 히브리어 단어에는 '격노하다'라는 의미도 있다. -역주).
- 평안: "내가 **평안히** 눕고 자기도 하리니"(시 4:8).
- 근심: "내 눈이 **근심**으로 말미암아 쇠하며"(시 6:7).
- 소원: "여호와여 주는 겸손한 자의 **소원**을 들으셨사오니"(시 10:17).
- 바람: "여호와여 우리가 주께 **바라는** 대로 주의 인자하심을 우리에게 베푸소서"(시 33:22).

- 마음이 상함: "여호와는 **마음이 상한** 자를 가까이 하시고 충심으로 통회하는 자를 구원하시는도다"(시 34:18).
- 감사: "내가 대회 중에서 주께 **감사하며**"(시 35:18).
- 열성: "주의 집을 위하는 열성이 나를 삼키고"(시 69:9).
- 고통: "오직 나는 가난하고 **슬프오니**"(시 69:29; 우리말 '슬프오니'라고 번역된 히브리어 단어는 '아프다, 고통이 있다, 슬프다' 등의 의미를 갖는다. —역주).
- 태연함: "전쟁이 일어나 나를 치려 할지라도 나는 여전히 **태연하리로다**"(시 27:3).

위의 구절들을 통해 우리가 내릴 수 있는 결론은 그리스도인의 영적 성숙과 건강을 이루는 데 있어 감정은 결코 부수적인 것이 아니라는 사실이다. 감정은 인간의 경험에 엄청나게 큰 부분을 차지하며, 경건한 사람이 되는 과정에서 절대로 빠질 수 없는 핵심이다.

바른 감정은 필수적이다

성경에 다양한 종류의 감정이 나타난다는 사실보다 더 중요한 것이 있다. 그리스도인이 되는 데 있어 영적인 정서는 선택이 아닌 필수라는 가르침이 신약 성경 곳곳에 분명히 드러난다는 점이다. 하나님이 우리에게 요구하시는 몇 가지 감정을 예로 들어 보자. 이런 감정을 갖는 것은 우리의 '의무'이며 그것을 지니기 위해 '노력해야' 한다.

1. 그리스도인은 '기쁨'을 느껴야 한다.

"주 안에서 항상 기뻐하라 내가 다시 말하노니 기뻐하라"(빌 4:4).

2. 그리스도인은 마음에 '만족'을 느껴야 한다.

"돈을 사랑하지 말고 있는 바를 족한 줄로 알라 그가 친히 말씀하시기를 내가 결코 너희를 버리지 아니하고 너희를 떠나지 아니하리라 하셨느니라"(히 13:5).

3. 그리스도인은 마음에서부터 뜨거운 '형제 사랑'을 느껴야 한다.

"너희가 진리를 순종함으로 너희 영혼을 깨끗하게 하여 거짓이 없이 형제를 사랑하기에 이르렀으니 마음으로 뜨겁게 서로 사랑하라"(벧전 1:22).

4. 그리스도인은 '바람'을 느껴야 한다.

"그러므로 너희 마음의 허리를 동이고 근신하여 예수 그리스도께서 나타나실 때에 너희에게 가져다 주실 은혜를 온전히 바랄지어다"(벧전 1:13).

5. 그리스도인은 핍박하는 사람이 아닌 하나님에 대한 '두려움'을 느껴야 한다.

"마땅히 두려워할 자를 내가 너희에게 보이리니 곧 죽인 후에 또한 지옥에 던져 넣는 권세 있는 그를 두려워하라 내가 참으로 너희에게 이르노니 그를 두려워하라"(눅 12:5).

6. 그리스도인은 '평강'을 느껴야 한다.

"그리스도의 평강이 너희 마음을 주장하게 하라"(골 3:15).

7. 그리스도인은 '부지런함'과 '열심'을 느껴야 한다.

"부지런하여 게으르지 말고 열심을 품고 주를 섬기라"(롬 12:11).

8. 그리스도인은 슬퍼하는 자들과 함께 '슬픔'을 느껴야 한다.

"즐거워하는 자들과 함께 즐거워하고 우는 자들과 함께 울라"(롬 12:15).

9. 그리스도인은 하나님의 말씀을 '사모'하는 마음을 느껴야 한다.

"갓난 아기들 같이 순전하고 신령한 젖을 사모하라"(벧전 2:2).

10. 그리스도인은 '불쌍히 여기는' 마음을 느껴야 한다.

"서로 친절하게 하며 불쌍히 여기며 서로 용서하기를 하나님이 그리스도 안에서 너희를 용서하심과 같이 하라"(엡 4:32).

11. 그리스도인은 '감사함'을 느껴야 한다.

"너희의 마음으로 주께 노래하며 찬송하며 범사에 우리 주 예수 그리스도의 이름으로 항상 아버지 하나님께 감사하며"(엡 5:19-20).

12. 그리스도인은 '겸손함'을 느껴야 한다.

"아무 일에든지 다툼이나 허영으로 하지 말고 오직 겸손한 마음으로 각각 자기보다 남을 낫게 여기고"(빌 2:3).

13. 그리스도인은 '동정하는' 마음을 느껴야 한다.

"너희가 다 마음을 같이하여 동정하며 형제를 사랑하며 불쌍히 여기며 겸손하며"(벧전 3:8).

14. 그리스도인은 '형제 우애'를 느껴야 한다.

"형제를 사랑하여 서로 우애하고"(롬 12:10).

이상의 말씀들에 비추어 우리가 내릴 수 있는 결론은 감정(영적인 정서)은 그리스도인의 삶에 지엽적이거나 선택적인 부분이 아니라는 사실이다. 감정은 그리스도 안에서 새로운 피조물이 되는 문제의 한 가운데에 있다. 그리스도인은 날마다 믿음의 행위 가운데 항상 살아야 한다. 다시 말해 우리는 "유혹의 **욕심**을 따라 썩어져 가는 … [우리의] 옛 사람을 벗어 버리고 … 오직 … 하나님을 따라 의와 진리의 거룩함으로 지으심을 받은 새 사람을 입"어야 한다(엡 4:22-24). 따라서 우리는 사욕과 악한 정욕과 탐심(골 3:5), 염려(마 6:25), 분노(마 5:22), 악독(엡 4:31), 음욕(마 5:28), 탐욕(고전 5:11), 그리고 세상 근심(고후 7:10)과 같은 감정을 '벗어야' 혹은 '죽여야' 한다. 옛 사람은 "유혹의 **욕심**"으로 멸망하고, 새 사람은 거룩한 열망으로 변화되어 간다. 이것이 바로 성령님이 이루시는 일이다(갈 5:22-23).

이제 의문점은 하나님이 인간이 존재하는 데 있어 그 중심에 영적인 정서를 두신 이유가 무엇일까 하는 점이다. 나는 앞서 이에 대한 답을 제시한 바 있다. 그러한 감정은 인간의 영혼에 끊이지 않는 만족감을 줄 뿐 아니라, 하나님께 영광을 돌리고 사람을 사랑하는 일에 필수적이기 때문이다.

하나님의 목표는 그분의 백성이 행복해지는 것

올바른 방향을 향하고, 균형 잡혀 있으며, 생명력 있는 감정의 가장 명확한 본보기는 하나님 그분 안에서 진심 어린 행복을 느끼는 것이다. 이러한 영적인 정서가 생겨나는 것이 영생의 호흡, 곧 거듭남의 신호이다. 예를 들어, 우리의 삶 전체를 태양계라고 하고 우리의 여러 가지 정서와 행동들을 그 안에 있는 행성들이라고 하자. 하나님을 그 중심에서 가장 밝게 빛나는 태양으로 발견하고 거기서 충만함을 느낄 때, 비로소 주변의 모든 행성이 하나님이 정하신 궤도에서 제 위치를 찾기 시작한다. 즉, 하나님 안에서 우리 영혼의 가장 큰 만족을 누리는 것이 다른 모든 욕망을 올바른 방향으로 균형 있게 가져가는 살아 있는 힘이 되는 것이다.

성경 전체의 분명한 메시지는 하나님께서 그분의 백성이 당신의 임재 안에서 영원토록 최고의 행복을 누리게 하신다는 것이다. 이 행복은 모든 영적인 정서의 총합이다. 구약 시대부터 하나님이 목적하신 바는 바로 그분의 백성이 행복을 누리는 것이었다.

"여호와의 속량함을 받은 자들이 돌아오되
노래하며 시온에 이르러
그들의 머리 위에 영영한 **희락**을 띠고
기쁨과 **즐거움**을 얻으리니
슬픔과 탄식이 사라지리로다"(사 35:10).

예수님은 "**큰 기쁨**의 좋은 소식"(눅 2:10)을 가지고 세상에 오셨다. 그분이 전하신 메시지는 예부터 그분을 위해 정해진 것이었다. 그것은 바로 "복된 좋은 소식"이었다.

"좋은 소식을 전하며 평화를 공포하며
복된 좋은 소식을 가져오며 구원을 공포하며
시온을 향하여 이르기를
네 하나님이 통치하신다 하는 자의
산을 넘는 발이 어찌 그리 아름다운가"(사 52:7).

예수님은 빌라도에게 자신이 세상에 오신 이유를 이렇게 말씀하셨다. "내가 이를 위하여 태어났으며 이를 위하여 세상에 왔나니 곧 진리에 대하여 증언하려 함이로라"(요 18:37). 또한 제자들에게 이 진리를 말씀하실 때는 그것이 그들의 기쁨을 위한 일이라고도 하셨다. "내가 이것을 너희에게 이름은 내 **기쁨**이 너희 안에 있어 너희 **기쁨**을 충만하게 하려 함이라"(요 15:11; 참조 17:13).

베드로는 예수님이 돌아가신 이유를 설명하며, 그것은 우리에게 하나님과 기쁨을 가져다주시기 위해서였다고 말했다. "그리스도께서도 단번에 죄를 위하여 죽으사 의인으로서 불의한 자를 대신하셨으니 이는 우리를 하나님 앞으로 인도하려 하심이라"(벧전 3:18). 그렇다면 우리 자신이 그리스도와 함께 하나님의 임재 안에 있음을 알게 되면 무엇을 경험하게 될까? "예수를 너희가 보지 못하였으나 사랑하는도다 … 말할 수 없는 영광스러운 즐거움으로 기뻐하니"(벧전 1:8). 하나님께 가는 것은 곧 기쁨으로 가는 것이다. "주의 앞에는 충만한 **기쁨**이 있고 주의 오른쪽에는 영원한 **즐거움**이 있나이다"(시 16:11). 이것이 바로 하나님이 세우신 영원한 계획이다.

그러므로 기쁨은 그리스도인의 삶에 선택사항이 아니다. 우리를 위해 그것을 정해 놓으셨다. 하나님은 이것을 거듭 명하신다. "주 안에서 **기뻐하라**"(빌 3:1). "여호와를 **기뻐하며**"(시 32:11). "여호와를 **즐거워하라**"(시 33:1). "의인은 여호와로 말미암아 **즐거워하며**"(시 64:10). 또한 우리에게 침울한 의무감이 아닌 기쁨으로 그분을 섬기라고 명하신다. "**기쁨으로** 여호와를 섬기며"(시 100:2). "인색함으로나 억지로 하지 말지니 하나님은 **즐겨** 내는 자를 사랑하시느니라"(고후 9:7). "긍휼을 베푸는 자는 **즐거움으로** 할 것이니라"(롬 12:8). 그래서 나의 결론은 이렇다. 하나님이 영적인 정서를 그리스도인의 존재에 필수로 삼으신 이유는 그분을 위한 행복한 백성을 이루시는 것이 영원 전부터 은혜로 세우신 그분의 목표이기 때문이다.

하나님을 위해 하나님 안에서 행복함

이제 더 나은 목적을 향해 나아간다. 하나님이 우주를 창조하신 목적에는 우리의 행복만이 아닌 그분의 영광 또한 담겨 있다.

"내 아들들을 먼 곳에서 이끌며
내 딸들을 땅 끝에서 오게 하며
내 이름으로 불려지는 모든 자
곧 내가 **내 영광**을 위하여 창조한 자를 오게 하라"(사 43:6-7).

결국, 하나님이 목표하셨던 것은 창조 세계 안에 그분의 영광을 주셔서 우리가 그것을 보고 그 안에서 기뻐하는 일이다. 즉, 하나님의 창조 안에서 그분의 영광이 찬송을 받고, 또한 우리의 영혼이 만족을 누리길 뜻하신 것이다. 이처럼 하나님의 두 가지 목표 사이에 서로 관계가 있다는 사실에 우리는 놀라움을 금치 못하고, 나아가 우리가 추구하는 평생 배움을 위해서도 특별한 열정을 얻게 된다.

성경에 전념하는 그리스도인 대부분은 하나님의 창조 안에 이러한 이중의 목적(그분의 영광과 우리의 기쁨)이 있음을 인정한다. 그리고 그것은 웨스트민스터 요리문답의 익숙한 질문 안에 소중히 간직되어 왔다. "사람의 첫째 되는 목적은 무엇입니까? 대답: 사람의 첫째 되는 목적은 하나님을 영화롭게 하고, 그분을 영원토록 즐거워하는 것입니다." 하나님의 영광과 우리의 기쁨이 바로 창조의 이중적인 목표이다. 그런데도 이 둘 사이의 관계를 볼 수 있는 그리스도인이 그리 많지 않다니 놀랍기만 하다. 그러나 거기에는 가슴 떨리는 의미가 있다. 곧 평생 배움이라는 우리의 과업에 힘을 불어넣는 것이 바로 이 관계, 즉 우리의 기쁨과 하나님의 영광 사이의 관계라는 사실이다.

우리의 첫째 되는 목적:
하나님을 영원토록 즐거워하고 '그로써' 그분을 영화롭게 함

이 관계는 하나님을 즐거워하는 것이 우리가 하나님을 영화롭게 하는 하나의 방법이 된다고 말한다. "우리가 하나님 안에서 가장 큰 만족을 누릴 때 그분께 가장 큰 영광이 돌아간다." 나는 이것을 기독교 희락주의라고 부른다. 이는 그저 아무 상관없는 두 가지 목표를 나열한 것이 아니다. 하나님은 우리가 그분 안에서 기뻐할 때 그 기쁨이 그분께 있는 영광의 광채를 비추는 수단이 되도록 세상을 지으셨다. 따라서 하나님을 영화롭게 하는 것과 하나님을 즐거워하는 것은 서로 무관한 별개의 목표가 아니다. 하나님을 즐거워하는 일이 '바로' 하나님을 영화롭게 하는 일이다.

무언가를 최고로 즐거워하는 일은 그 무언가가 우리에게 최고의 가치가 있음을 드러낸다. 여기서 한 가지 분명히 할 것은, 나는 지금 하나님을 영화롭게 하는 행동이 우리에게도 즐거움이 되어야 한다고 말하는 것이 아니다. 내가 하려는 말은 하나님을 즐거워하는 것이 하나님을 영화롭게 하는 여러 행동들 중에 하나라는 것이다.

나는 이미 들어가는 글에서 이러한 주장에 대해 설명한 바 있다. 이 놀라운 발견(우리가 하나님 안에서 가장 큰 만족을 누릴 때 그분께서 가장 큰 영광을 받으신다는 사실)을 통해 생각해 볼 수 있는 것은 우리가 최대한 오랜 시간, 가장 큰 기쁨을 누리는 것은 단지 허락된 일 정도가 아니라 반드시 해야만 하는 일이라는 점이다. 하나님 안에서 가장 충만하고 가장 오래 지속되는 행복을 추구하는 것은 우리의 의무이다. 그 이유는 단지 하나님의 말씀에서 그것을 명하고 있기 때문만이 아니라, 그것이 없이는 우리가 온전히 하나님을 영화롭게 할 수 없기 때문이다. 그 말은 곧 평생 교육에 있어서 가장 큰 싸움은 세상이 주는 그 무엇보다도 하나님 안에서 더 큰 만족을 누리기 위해 벌이는 싸움이라는 의미이다.

혹은 들어가는 글에서 본 것처럼, 평생 교육의 큰 도전은 다른 모든 합당한 기쁨들 '위에서'와 '안에서' 하나님을 즐거워하는 일이라고도 할 수 있다. 하나님은 모든 기쁨 '위에' 계신 기쁨이다. 그리고 그분 안에서 맛보는 기쁨은 그 밖의 모든 가치 있는 기쁨들 '안에서' 그야말로 최고의 것이다.

하나님 안에서의 행복과 타인을 향한 사랑

하나님이 인간이 존재하는 데 감정(영적인 정서)을 필수적인 것으로 정하신 이유를 설명하기 위해 한 걸음 더 들어가 보자. 다른 사람을 사랑하는 일이 가능한 것은 감정(특별히 하나님 안에서 기쁨을 느끼는 것) 때문이다. 누군가를 사랑한다는 말은 진정으로 그들의 유익을 원하고, 또 그것을 이루기 위해 최선을 다하는 것이다. 지금까지 우리는 하나님을 충만히, 그리고 영원토록 알고 즐거워하는 것이 최고의 유익이라는 점을 살펴보았다. "주의 앞에는 **충만한** 기쁨이 있고 주의 오른쪽에는 **영원한** 즐거움이 있나이다"(시 16:11). '충만함'과 '영원함'보다 더 큰 유익은 상상할 수 없다. 그 무엇도 충만함보다 더 충만할 수 없고, 영원보다 더 길 수는 없기 때문이다.

따라서, 사랑은 어떠한 비용을 치르더라도 하나님 안에서 우리의 기쁨을 확장해 가고, 나아가 다른 사람들도 그 기쁨 안으로 받아들이려고 노력하는 것이다. 예수님이 말씀하신 한 가지 이유는 "주는 것이 받는 것보다 복이 있다"(행 20:35)는 것인데, 이 말은 우리가 하나님 안에서 누리는 기쁨을 다른 사람들에게 줄 때 우리 자신이 그 기쁨을 더욱더 많이 경험하게 된다는 뜻이다.

우리가 하나님 안에서 기쁨을 추구하는 일이 이기심에서 비롯된 것이 아닌 이유는, 우리는 다른 사람을 희생하여 우리의 기쁨을 찾으려 하지 않고, 오히려 다른 사람을 그 기쁨 안으로 받아들이려 하기 때문이다. 만약 자신의 기쁨을 다른 사람과 나눔으로써 그 기쁨을 더 크게 하기를 행복해하는 사람이 있다면, 그를 보고 이기적이라고 할 사람은 없을 것이다. 특히나 자신의 목숨을 바쳐 사랑하는 사람이라면 더더욱 그럴 것이다.

고린도후서 8장 1-2절에는 이러한 일이 어떻게 일어나는지 아름답게 묘사하고 있다. 이 내용은 이미 들어가는 글에서 살핀 적 있으나, 다시 한번 되풀이할 만한 가치가 충분하다.

바울은 예루살렘의 가난한 성도들을 위해 헌금을 모으고 있었다(롬 15:26). 고린도후서 8장에서 그는 고린도 교회가 본받아야 할 너그러움의 모범으로 마게도냐의 성도들을 제시한다. 바울은 이렇게 설명한다.

"형제들아 하나님께서 마게도냐 교회들에게 주신 은혜를 우리가 너희에게 알리노니 환난의 많은 시련 가운데서 **그들의 넘치는 기쁨과 극심한 가난이 그들의 풍성한 연보를 넘치도록 하게** 하였느니라"(1-2절). 마게도냐 성도들은 하나님의 은혜로 환난과 가난 속에서도 기쁨이 가득했다. 그들은 하나님 안에서 충만한 기쁨을 누림으로써 그 결과 예루살렘의 가난한 성도들을 위해 풍성한 연보를 '넘치도록' 베풀게 된 것이다. 몇 절 뒤로 가서 8절에 보면 바울은 이러한 너그러움을 '사랑'이라고 부른다.

그리하여 나의 결론은, 하나님 안에서 기쁨이 넘쳐흘러 다른 사람의 필요를 기꺼이 채우고자 하는 것이 바로 사랑이다. 혹은, 좀 달리 표현해 보자면, 사랑은 하나님 안에서 누리는 기쁨이 밖으로 확대되어 다른 사람들을 그 안으로 끌어들이고자 하는 충동이다.

이제는 하나님이 왜 '감정'을 인간이 존재하는 데 필수적인 것으로 계획하셨는지 분명해졌기를 바란다. 하나님의 아름다움과 그 가치를 올바로 깨닫고 균형을 잘 갖춘다면, 그로 인해 우리는 영원히 지속되고 그 깊이를 헤아릴 수 없는 만족을 누리게 된다. 그리고 그것이 바로 하나님을 영화롭게 하고 사람을 사랑하는 핵심이다. 그러므로, 생각할 수 있는 정신만이 아닌 느낄 수 있는 마음을 빚는 것은 평생 배움을 해나가는 데 있어 꼭 필요한 일이다.

기쁨을 추구하라

그렇다면 우리는 어떻게 우리의 마음과 그 마음의 감정을 빚을 수 있을까? 어떤 의미에서 이 질문은 본서 전체의 주제이기도 하다. 평생 배움의 목표, 곧 이 책의 목표는 사람을 사랑하고 하나님을 영화롭게 하는 일에 풍성한 열매를 맺는, 성숙하고 건강한 정서의 사람을 만드는 것이기 때문이다. 따라서 나는 여러분이 이 책을 통해 그와 같은 평생의 궤도에 오를 수 있기를 바란다. 여섯 가지 마음과 정신의 습관들은 바로 그러한 삶을 위한 것이다.

하지만 이번 장을 마무리하기에 앞서 영혼의 만족을 주고, 그리스도를 높이며, 사람을 사랑하고, 하나님을 영화롭게 하는 감정을 추구하는 일을 열다섯 가지 요점으로 정리해 보려 한다. 특히나 하나님을 영화롭게 하는 기쁨은 하나님이 창조를 통해 이루고자 하신 목적인데, 이 요점들의 초점은 다음과 같다. "우리는 어떻게 삶의 모든 여건 속에서 그러한 기쁨을 느끼는 능력을 기를 수 있는가?"[1]

1. 진정한 기쁨과 그 외의 모든 영적인 정서는 우리에게 합당하지 않은 것임에도 하나님이 주시는 선물임을 깨달으라.

---

1) 이 요점들은 내가 쓴 다음 책의 내용과 상응하는 내용이다. *When I Don't Desire God: How to Fight for Joy* (Wheaton, IL: Crossway, 2013); 『말씀으로 승리하라』, 전의우 역, IVP.

"오직 성령의 열매는 … 희락과"(갈 5:22).

"평강의 하나님이 … 모든 선한 일에 너희를 온전하게 하사 자기 뜻을 행하게 하시고 그 앞에 즐거운 것을 예수 그리스도로 말미암아 우리 가운데서 이루시기를 원하노라"(히 13:20-21).

2. 기쁨은 끈질기게 싸워 얻어야 하는 것임을 깨달으라(위의 1번과 상충하는 것은 아님).

"우리가 너희 믿음을 주관하려는 것이 아니요 오직 너희 기쁨을 돕는 자가 되려 함이니"(고후 1:24).

"믿음의 선한 싸움을 싸우라"(딤전 6:12).

"나는 선한 싸움을 싸우고 나의 달려갈 길을 마치고 믿음을 지켰으니"(딤후 4:7).

3. 여러분의 삶 가운데 드러난 모든 죄를 물리치기로 결심하라.

"너희가 육신대로 살면 반드시 죽을 것이로되 영으로써 몸의 행실을 죽이면 살리니"(롬 8:13).

4. '담대한 죄의식'(gutsy guilt)의 비밀, 곧 의롭다 하심을 받은 죄인으로서 기쁨을 위해 싸우는 방법을 배우라.

"나의 대적이여 나로 말미암아 기뻐하지 말지어다
나는 엎드러질지라도 일어날 것이요
어두운 데에 앉을지라도
여호와께서 나의 빛이 되실 것임이로다
내가 여호와께 범죄하였으니
그의 진노를 당하려니와
마침내 주께서
나를 위하여 논쟁하시고 심판하시며
주께서 나를 인도하사 광명에 이르게 하시리니
내가 그의 공의를 보리로다"(미 7:8-9).

"그러므로 우리가 믿음으로 의롭다 하심을 받았으니 우리 주 예수 그리스도로 말미암아 하나님과 화평을 누리자(롬 5:1).

여기 죄인이 있다. "내가 여호와께 범죄하였으니." 하지만 그 사람은 너무도 담대하여, 자신이 죄를 지어 거역한 그 주님이 자기와 반대편에 서지 않으시고 오히려 '자기를 위하여' 논쟁하고 심판하실 것이라고 말한다. 내가 말한 담대한 죄의식은 바로 이것을 의미한다.

5. 그 싸움은 무엇보다 하나님의 실제 모습을 보기 위한 싸움임을 깨달으라.

"여호와의 선하심을 맛보아 알지어다"(시 34:8).

"우리가 다 수건을 벗은 얼굴로 거울을 보는 것 같이 주의 영광을 보매 그와 같은 형상으로 변화하여 영광에서 영광에 이르니"(고후 3:18).

"사랑하는 자들아 우리가 지금은 하나님의 자녀라 장래에 어떻게 될 지는 아직 나타나지 아니하였으나 그가 나타나시면 우리가 그와 같을 줄을 아는 것은 그의 참모습 그대로 볼 것이기 때문이니"(요일 3:2).

6. 하나님의 말씀을 매일 묵상하라.

"오직 여호와의 율법을 즐거워하여
그의 율법을 주야로 묵상하는도다
그는 시냇가에 심은 나무가
철을 따라 열매를 맺으며
그 잎사귀가 마르지 아니함 같으니
그가 하는 모든 일이 다 형통하리로다"(시 1:2-3).

"여호와의 교훈은 정직하여 마음을 기쁘게 하고"(시 19:8).

"내가 주의 말씀을 얻어 먹었사오니
주의 말씀은 내게 기쁨과
내 마음의 즐거움이오나"(렘 15:16).

"내가 이것을 너희에게 이름은 내 기쁨이 너희 안에 있어 너희 기쁨을 충만하게 하려 함이라"(요 15:11).

7. 마음의 눈을 열어 주시고 하나님을 향한 마음을 달라고 진심으로, 그리고 자주 기도하라.

"내 눈을 열어서
주의 율법에서 놀라운 것을 보게 하소서"(시 119:18).

"구하라 그리하면 너희에게 주실 것이요 찾으라 그리하면 찾아낼 것이요 문을 두드리라 그리하면 너희에게 열릴 것이니"(마 7:7).

"내가 기도할 때에 기억하며 너희로 말미암아 감사하기를 그치지 아니하고 … 너희 마음의 눈을 밝히사 그의 부르심의 소망이 무엇이며 성도 안에서 그 기업의 영광의 풍성함이 무엇이며 그의 힘의 위력으로 역사하심을 따라 믿는 우리에게 베푸신 능력의 지극히 크심이 어떠한 것을 너희로 알게 하시기를 구하노라"(엡 1:16-19).

8. 자신에게 귀를 기울이기보다는 자신을 훈계하는 법을 배우라.

"내 영혼아 네가 어찌하여 낙심하며
어찌하여 내 속에서 불안해 하는가
너는 하나님께 소망을 두라
그가 나타나 도우심으로 말미암아
내가 여전히 찬송하리로다"(시 42:5).

9. 하나님께 전념하는 사람들과 함께 시간을 보냄으로써 그들의 도움을 통해 하나님을 보고 기쁨을 위해 싸우라.

"사울의 아들 요나단이 일어나 수풀에 들어가서 다윗에게 이르러 그에게 하나님을 힘 있게 의지하게 하였는데"(삼상 23:16).

"속지 말라 악한 동무들은 선한 행실을 더럽히나니"(고전 15:33).

"오직 오늘이라 일컫는 동안에 매일 피차 권면하여 너희 중에 누구든지 죄의 유혹으로 완고하게 되지 않도록 하라"(히 3:13).

"서로 돌아보아 사랑과 선행을 격려하며 모이기를 폐하는 어떤 사람들의 습관과 같이 하지 말고 오직 권하여 그 날이 가까움을 볼수록 더욱 그리하자"(히 10:24-25).

10. 하나님이 함께하시지 않는 것 같은 어두움 가운데 인내하라.

"내가 여호와를 기다리고 기다렸더니
귀를 기울이사 나의 부르짖음을 들으셨도다
나를 기가 막힐 웅덩이와 수렁에서 끌어올리시고
내 발을 반석 위에 두사
내 걸음을 견고하게 하셨도다
새 노래 곧 우리 하나님께 올릴 찬송을
내 입에 두셨으니
많은 사람이 보고 두려워하여
여호와를 의지하리로다"(시 40:1-3).

"내가 혹시 말하기를 흑암이 반드시 나를 덮고
나를 두른 빛은 밤이 되리라 할지라도
주에게서는 흑암이 숨기지 못하며
밤이 낮과 같이 비추이나니
주에게는 흑암과 빛이 같음이니이다"(시 139:11-12).

11. 하나님이 주신 몸에 합당한 휴식과 운동, 그리고 적절한 음식을 취하라.

"여호와께서 집을 세우지 아니하시면
세우는 자의 수고가 헛되며
여호와께서 성을 지키지 아니하시면
파수꾼의 깨어 있음이 헛되도다
너희가 일찍이 일어나고 늦게 누우며
수고의 떡을 먹음이 헛되도다
그러므로 여호와께서
그의 사랑하시는 자에게는 잠을 주시는도다"(시 127:1-2).

"모든 것이 내게 가하나 다 유익한 것이 아니요 모든 것이 내게 가하나 내가 무엇에든지 얽매이지 아니하리라 음식은 배를 위하여 있고 배는 음식을 위하여 있으나 하나님은 이것 저것을 다 폐하시리라 몸은 음란을 위하여 있지 않고 오직 주를 위하여 있으며 주는 몸을 위하여 계시느니라"(고전 6:12-13).

"내가 내 몸을 쳐 복종하게 함은 내가 남에게 전파한 후에 자신이 도리어 버림을 당할까 두려워함이로다"(고전 9:27).

12. 자연 속에 주신 하나님의 계시를 활용하라.

"하늘이 하나님의 영광을 선포하고
궁창이 그의 손으로 하신 일을 나타내는도다
날은 날에게 말하고 밤은 밤에게 지식을 전하니 …
하나님이 해를 위하여 하늘에 장막을 베푸셨도다
해는 그의 신방에서 나오는 신랑과 같고
그의 길을 달리기 기뻐하는 장사 같아서"(시 19:1-5).

"공중의 새를 보라 심지도 않고 거두지도 않고 창고에 모아들이지도 아니하되 너희 하늘 아버지께서 기르시나니 너희는 이것들보다 귀하지 아니하냐 너희 중에 누가 염려함으로 그 키를 한 자라도 더할 수 있겠느냐 또 너희가 어찌 의복을 위하여 염려하느냐 들의 백합화가 어떻게 자라는가 생각하여 보라 수고도 아니하고 길쌈도 아니하느니라 그러나 내가 너희에게 말하노니 솔로몬의 모든 영광으로도 입은 것이 이 꽃 하나만 같지 못하였느니라 오늘 있다가 내일 아궁이에 던져지는 들풀도 하나님이 이렇게 입히시거든 하물며 너희일까보냐 믿음이 작은 자들아"(마 6:26-30).

13. 하나님에 관한 훌륭한 책과 신실한 그리스도인들에 관한 전기를 읽으라.

"…교사로 삼으셨으니 이는 성도를 온전하게 하여 봉사의 일을 하게 하며 그리스도의 몸을 세우려 하심이라"(엡 4:11-12).

"그가 죽었으나 그 믿음으로써 지금도 말하느니라"(히 11:4).

"이러므로 우리에게 구름 같이 둘러싼 허다한 증인들이 있으니 모든 무거운 것과 얽매이기 쉬운 죄를 벗어 버리고 인내로써 우리 앞에 당한 경주를 하며"(히 12:1).

"하나님의 말씀을 너희에게 일러 주고 너희를 인도하던 자들을 생각하며 그들의 행실의 결말을 주의하여 보고 그들의 믿음을 본받으라"(히 13:7).

14. 다른 사람의 유익을 위해 아는 바를 실천하라.

"내가 기뻐하는 금식은
흉악의 결박을 풀어 주며
멍에의 줄을 끌러 주며
압제 당하는 자를 자유하게 하며
모든 멍에를 꺾는 것이 아니겠느냐
또 주린 자에게 네 양식을 나누어 주며

유리하는 빈민을 집에 들이며

헐벗은 자를 보면 입히며

또 네 골육을 피하여 스스로 숨지 아니하는 것이 아니겠느냐

그리하면 네 빛이 새벽 같이 비칠 것이며

네 치유가 급속할 것이며"(사 58:6-8).

"주는 것이 받는 것보다 복이 있다"(행 20:35).

15. 그리스도를 위해 온 세상을 바라보고 복음을 듣지 못한 자들을 위해 자신을 쏟으라.

"하나님은 우리에게 은혜를 베푸사 복을 주시고

그의 얼굴 빛을 우리에게 비추사

주의 도를 땅 위에,

주의 구원을 모든 나라에게 알리소서

하나님이여 민족들이 주를 찬송하게 하시며

모든 민족들이 주를 찬송하게 하소서

온 백성은 기쁘고 즐겁게 노래할지니

주는 민족들을 공평히 심판하시며

땅 위의 나라들을 다스리실 것임이니이다

하나님이여 민족들이 주를 찬송하게 하시며

모든 민족으로 주를 찬송하게 하소서

땅이 그의 소산을 내어 주었으니

하나님 곧 우리 하나님이 우리에게 복을 주시리로다

하나님이 우리에게 복을 주시리니

땅의 모든 끝이 하나님을 경외하리로다"(시 67편).

교육으로 나아가는 길

지금까지 우리는 여섯 가지 마음과 정신의 습관 중 관찰, 이해, 평가, 그리고 감정 네 가지를 살펴보았다. 평생 배움이 지향하는 여러 가지 목표 중 하나는 관찰하고, 생각하고, 평가하되 그 마음의 감정이 올바른 방향을 향하고, 균형을 갖추었으며, 또한 생명력 넘치는 사람이 되는 것이다. 모든 관찰 중에서 가장 우선되어야 할 관찰의 실재는 하나님이시다. 그분은 모든 올바른 이해의 기초이시다. 그분의 가치와 의지는 모든 평가의 기준이 된다. 그러므로, 그분은 최고의 만족감을 주는 원천이시다. 우리의 정서라는 태양계 안에서 그분이 가장 중심 되는 태양의 위치를 차지하고 계실 때, 다른 모든 행성들이 비로소 하나님이 정하신 궤도를 향해 움직이게 된다. 그럴 때 우리는 제대로 교육받은 사람이 되는 길을 잘 걸어가는 것이다.

'앎'에서 '행함'으로 나아가라는 성경의 강조는 그리스도인의 사랑에 뿌리를 두고 있다. 그리스도인의 기쁨은 본질적으로 다른 사람의 필요를 채우기 위해 즐거이 흘러넘친다. 그 기쁨에서 선한 행위가 흘러넘치는 것이다. 이것이 바로 '적용'이라는 말의 의미다.

5

적용

관찰하고 이해하고 평가하고
느낀 것을 현명하고 유용하게
적용하라

관찰 Observation
이해 Understanding
평가 Evaluation
감정 Feeling
적용 Application
표현 Expression

5

Application

적용

　평생 배움을 위한 여정에는 우리가 관찰하고, 이해하고, 평가하고, 느낀 것을 '적용'하는 노력이 포함된다. 여기서 '적용'은 무엇을 의미할까? 우리는 적용의 초점이 더 많은 관찰과 이해와 평가와 감정에 있다고 생각할 수 있다. 다시 말해 이렇게 말할 수 있다. "이제 나는 지금까지 배운 것을 새로운 학습 영역에 적용할 것이다. 그러면 내가 관찰했던 모든 것이 이 새로운 영역에서 더 나은 관찰을 하는 데 도움이 될 것이다. 그리고 내가 이해했던 모든 것도 더 많은 것을 이해하는 데 도움이 될 것이다. 또한 평가하고 느끼는 나의 능력은 이 새로운 학습 분야에서 더욱 잘 평가하고 느끼는 데 도움이 될 것이다." 이것은 참되고 합당한 말이다. 참된 학습은 더 많은 학습을 가능케 한다. 하지만 내가 여기서 사용하는 '적용'은 그런 의미가 아니다.

내가 말하는 적용은 관찰과 이해와 평가와 감정을 하나님의 영광과 다른 사람의 유익을 위해 행동으로 옮기는 것을 뜻한다. 물론 무엇을 하든 우리는 언제나 배운다. 그러나 내가 마음과 정신의 습관 중 하나로서 '적용'을 이야기할 때는 초점이 거기에 있지 않다. 나는 우리가 배운 것을 가져다 지혜롭고 유익한 행동으로 옮기는 습관에 초점을 맞출 것이다.

기쁨에 의도를 담을 수 있는가?

언뜻 생각하면 우리의 감정을 적용한다, 즉 그 감정을 행동으로 옮긴다는 말에는 무언가 문제가 있어 보인다. 이것이 문제로 여겨지는 이유는 진정한 감정은 그 자체가 곧 목적이기 때문이다. 진실하게 어떤 감정을 느끼는 순간은 다른 목적을 위한 수단으로 작용하는 것이 아니다.

예를 들어, 곰이 달려들 때 나는 도망갈 힘을 얻으려는 목적으로 공포를 느끼려고 결심하지 않는다. 내가 내 아내의 품에서 말할 수 없는 기쁨을 느끼는 것은 부부 사이의 논쟁을 해결하려는 목적을 이루기 위해서가 아니다. 나는 예수님이 내 아이를 치료해 주시기를 바라는 마음으로 예배 중에 그분의 임재에서 달콤함을 느끼는 것이 아니다. 나는 내 아이들에게 감사를 가르치려고 소중한 선물에 고마움을 느끼는 것이 아니다. 내가 무고한 사람이 살해되는 것을 보고 분노를 느끼는 것은 공권력이 제 역할을 감당하도록 하기 위해서가 아니다. 내가 음식에 대한 욕구를 느끼는 것에는 식사 준비가 더 빨리 되도록 하려는 목적이 있는 것도 아니다.

진정한 감정은 그런 것이 아니다. 어떤 감정이 일어나는 순간은 특정한 의도를 갖고 결정을 내리는 것과는 다르다. 어떤 결정을 내리는 일은 이면에 있는 특정한 목적을 이루기 위한 의식적인 수단이다. 위의 예들을 통해 살펴보면, 나는 곰에게 총을 쏘기로 결정한다. 나는 아내에게 우리 사이의 갈등에 대해 이야기하기로 결정한다. 나는 내 아이의 치료를 위해 온 마음을 다해 기도하기로 결정한다. 나는 아이들에게 감사의 중요성을 가르치기로 결정한다. 나는 정의로운 법 집행을 지지하기로 결정한다. 나는 주방의 일을 거들기로 결정한다. 결정을 내리는 일은 이런 것이다. 하지만 감정은 그렇지 않다. 만일 내가 어떤 감정을 느낄 때 거기서 한 걸음 벗어나 그것을 다른 목적을 위한 수단으로 삼고자 한다면, 그 순간 내가 느낀 그 감정의 진정성이 사라진다.

그렇다면, 적용하는 습관은 무언가를 지혜롭고 유익한 행동으로 옮기는 것이라고 말할 때, 그 대상에 대한 관찰과 이해와 평가만이 아닌 감정도 포함된다는 말은 도대체 어떤 의미일까? 이처럼 간과하기 어려운 장애물에 대한 해결책은 앞 장에서 우리가 이야기했던 하나님 안에서 누리는 그리스도인의 기쁨과 그 본질에서 찾을 수 있다. 거기서 우리는 하나님 안에 있는 기쁨에는 다른 사람들을 그 안으로 받아들임으로써 그것을 더욱 확장하고자 하는 커다란 충동이 있음을 살펴보았다. 어떤 의미에서 하나님을 진정으로 즐거워한다는 것은 그 자체로 하나의 목적이다. 하나님 안에서 즐거움을 누리는 것은 하나님 너머에 어떤 다른 목적을 바라보는 것이 아니다. 하나님 자체가 곧 목적이다. 그럼에도 불구하고 하나님의 은혜는 본질적으로 우리 자신이 죄와 허무함, 고난과 상실이 존재하는 세상 속에서 하나님을 즐거워할 뿐만 아니라, 그 즐거움이 흘러넘쳐 다른 이들의 필요를 채우고자 하는 마음, 곧 하나님이 그리스도 안에 있는 이들에게 베푸시는 즐거움을 그들에게도 전해 주고자 하는 마음을 일으킨다.

우리가 이 타락한 세상에서 살아가는 동안 하나님 안에서 누리는 그리스도인의 만족은 언제나 다 채워지지 않는 만족이다. 이는 만족의 원천이신 하나님께 부족함이 있어서가 아니라, 오히려 그분의 사랑이 한없이 크기 때문이다. 그 사랑은 도움이 필요한 곳으로 퍼져 나간다. 이는 부족함이 아닌 차고 넘치는 충만함을 보여 준다. 따라서 우리가 하나님의 이러한 사랑을 보고 그것을 우리의 가장 큰 기쁨으로 삼는다면, 본질적으로 하나님의 사랑은 우리가 그 안에서 누리는 기쁨을 널리 전하게 한다.

하나님은 참으로 우리 여정의 '목적'이시다. 그분은 무언가 더 큰 즐거움을 향해 나아가는 징검다리가 아니시다. 그런가 하면 그분은 또한 은혜로운 하나님이시기에 우리가 그분 안에서 누리는 만족감을 통해 우리를 도움이 필요한 곳으로 나아가게 하신다. 하지만 그것은 하나님 외에 다른 것을 얻기 위해서가 아니라 필요를 채우시는 하나님 그분을 충만히 즐거워하게 하기 위해서다. 그분 안에서 우리가 누리는 기쁨은 고기압 지대와 같다. 인간의 부족이라는 저기압 지대를 만나면 그 필요를 채우기 위해 확장되어 부는 바람이 일어난다. 이 바람을 일컬어 '사랑'이라고 부른다.

적용은 곧 행동이다

감정이 어떻게 사랑의 적용을 향해 움직여 가는지 설명했으니, 우리는 다시 평생 배움의 다섯 번째 습관을 다음과 같이 진술해 볼 수 있겠다. 우리는 우리가 관찰하고, 이해하고, 평가하고, 느낀 것을 지혜롭고 유익한 행동으로 옮기는 습관을 길러야 한다. 여기서 지혜롭고 유익한 행동이란 하나님의 영광과 다른 이의 유익을 위한 행동을 뜻한다.

이처럼 행동으로 적용하는 습관은 배운 것을 행위로 옮기라고 끊임없이 격려하는 성경의 가르침을 통해 강화된다. 성경을 보면 앎은 행동을 위한 것이라는 말씀이 반복적으로 나타난다. "너희는 말씀을 행하는 자가 되고 듣기만 하 … 지 말라"(약 1:22). "우리가 말과 혀로만 사랑하지 말고 행함과 진실함으로 하자"(요일 3:18). "너희가 이것을 알고 행하면 복이 있으리라"(요 13:17). "너희는 나를 불러 주여 주여 하면서도 어찌하여 내가 말하는 것을 행하지 아니하느냐"(눅 6:46). "내 형제들아 만일 사람이 믿음이 있노라 하고 행함이 없으면 무슨 유익이 있으리요 그 믿음이 능히 자기를 구원하겠느냐"(약 2:14). "누구든지 나의 이 말을 듣고 행하는 자는 그 집을 반석 위에 지은 지혜로운 사람 같으리니"(마 7:24).

적용은 하나님 안에서 기쁨이 넘쳐흐르는 것

앞서 설명했던 바와 같이 '앎'에서 '행함'으로 나아가라는 성경의 강조는 본질적으로 그리스도인의 사랑에 뿌리를 두고 있다. 그리고 그 사랑은 바로 하나님 안에서 누리는 기쁨이 넘쳐흐르는 것에서 비롯된다. 우리는 앞 장에서 그 한 가지 실례를 고린도후서 8장 1-2절을 통해 보았다. 마게도냐 성도들이 사랑의 본보기가 될 수 있었던 것은 그들이 "환난의 많은 시련 가운데서 그들의 **넘치는 기쁨**과 극심한 가난이 그들의 **풍성한 연보를 넘치도록** 하게 하였[기]"(2절) 때문이다. 기쁨이라는 감정에서 풍성한 연보라는 행동이 나온 것이다. 그리고 바울은 이러한 행동을 '사랑'이라고 칭한다. 그리스도인의 기쁨은 본질적으로 다른 사람의 필요를 채우기 위해 즐거이 흘러넘친다. 즉, 그 기쁨에서 선한 행위가 흘러넘치는 것이다. 이것이 바로 우리가 사용하는 '적용'이라는 말의 의미다.

기쁨에서 구체적인 사랑의 적용이 나오는 것에 관한 또 하나의 예를 히브리서 12장 1-2절에서 찾아볼 수 있다.

"이러므로 우리에게 구름 같이 둘러싼 허다한 증인들이 있으니 모든 무거운 것과 얽매이기 쉬운 죄를 벗어 버리고 인내로써 우리 앞에 당한 경주를 하며 믿음의 주요 또 온전하게 하시는 이인 예수를 바라보자 그는 그 앞에 있는 기쁨을 위하여 십자가를 참으사 부끄러움을 개의치 아니하시더니 하나님 보좌 우편에 앉으셨느니라."

그리스도께서는 십자가 반대편에 (자신의 아버지는 물론 구속받은 백성과 함께 누리는) 기쁨이 있음을 확신하셨기에 그 위에 달려 죽으시는 고통까지도 참고 견뎌내실 수 있었다. "그 앞에 있는 기쁨을 위하여 십자가를 참으사." 그 말은 가장 위대한 사랑의 행위는 곧 기쁨의 열매였다는 뜻이다. 그것이 설사 고통의 길을 가는 것이었다 해도 말이다. 그리스도의 십자가야말로 기쁨에서 뿜어져 나오는 커다란 충동을 가장 영광스럽게 적용한 것이다.

히브리서 기자는 우리에게 그리스도께서 그렇게 하실 수 있었던 계기를 보여 주며 어떻게 기쁨이라는 감정을 사랑의 행동으로 옮길 수 있는지 모델을 보여 주고자 했다. 예컨대, 히브리서 10장 32-34절은 다음과 같이 말씀한다.

"전날에 너희가 빛을 받은 후에 고난의 큰 싸움을 견디어 낸 것을 생각하라 혹은 비방과 환난으로써 사람에게 구경거리가 되고 혹은 이런 형편에 있는 자들과 사귀는 자가 되었으니 너희가 갇힌 자를 동정하고 너희 소유를 빼앗기는 것도 기쁘게 당한 것은 더 낫고 영구한 소유가 있는 줄 앎이라."

어떤 그리스도인들이 믿음을 지키기 위해 감옥에 갔다. 그리고 밖에 있는 자들은 선택에 직면했다. 그들은 자신이 보고 이해하고 평가하고 느낀 것을 어떻게 '적용해야' 할까? 지하로 숨어 들어가 박해를 피해야 할까? 아니면 감옥에 갇힌 동료 그리스도인들을 찾아가 그들에게 필요한 것을 공급해 주어야 할까? 그들은 감옥에 찾아가기로 선택했다. 투옥된 그리스도인들과 같은 무리임을 드러내기로 말이다. 그 선택에는 값비싼 대가가 따랐다. 그들은 소유를 빼앗겼다.

그들이 아는 것과 느낀 것을 이렇게 적용할 수 있었던 이유는 기쁨에서 비롯되는 능력이 있었기 때문이다. "너희 소유를 빼앗기는 것도 **기쁘게** 당한 것은." 히브리서 12장 2절에서 본 예수님의 경우처럼 이들이 자신의 소유를 빼앗기는 '십자가'를 견뎌낼 수 있었던 것도 그들 앞에 있는 기쁨 때문이었다. "더 낫고 영구한 소유가 있는 줄 앎이라." 더 낫고 영구한 소유. 그들이 이 땅의 삶 너머에서 기대했던 그 기쁨은 세상이 줄 수 있는 그 무엇보다 더 나은 것이었고, 또한 결코 끝나지 않는 것이었다.

그러한 소망이 다시 그들의 마음속으로 흘러 들어가 그들은 환난 중에 "빼앗기는 것도 **기쁘게**" 당할 수 있었다. 로마서 5장 2절에서 바울이 "하나님의 영광을 바라고 즐거워하느니라"라고 했던 것처럼, 그들이 모든 환난을 견뎌낼 수 있었던 이유 역시 현재 바라는 그것으로부터 기쁨을 얻고 있었기 때문이다.

하나님의 목표는 가시적인 영광을 받으시는 것

하나님이 그분 안에서 누리는 기쁨을 적극적인 사랑의 적용이라는 방식으로 표현하게 하신 데는 또 다른 이유가 있다. 우리가 살펴본 첫 번째 이유는 하나님 안에서 누리는 기쁨에는 본질적으로 확장해 나가는 성질이 있다는 점이었다. 그것은 일종의 채워지지 않는 만족감 같은 것이다. 하나님 자신과 마찬가지로 우리가 하나님 안에서 누리는 기쁨도 다른 사람을 끌어들이는 방향으로 움직인다. 하나님 안에서의 기쁨이라는 감정은 사랑에서 우러나는 선한 행위를 통해 실제로 적용된다.

하나님이 그분 안에서 누리는 기쁨을 적극적인 사랑의 적용이라는 방식으로 표현하게 하신 또 다른 이유는 하나님이 드러내 놓고 가시적으로 영광을 받으시기 위한 목적 때문이다. 하나님 안에서 우리가 느끼는 기쁨이나 하나님을 향한 사랑 등은 다른 사람에게는 보이지 않는다. 그것은 마음속에 있는 것이고 오직 하나님만이 보실 수 있다. 우리가 그분 안에서 즐거워할 때 하나님은 그것을 보고 즐거워하시지만, 그분의 목적은 드러내 놓고 공개적으로 영광을 받으시는 것이다. 하나님은 그분의 보이지 않는 영적 가치를 그저 감춰 두기 위해 물질세계(인간의 손과 발 등의 육체를 포함하는)를 창조하지 않으셨다. "하늘이 하나님의 영광을 선포"하는 것은 그 하늘이 눈에 보이는 것이기 때문이다(시 19:1). "창세로부터 그의 보이지 아니하는 것들 곧 그의 영원하신 능력과 신성이 그가 만드신 만물에 분명히 보여 알려졌나니 그러므로 그들이 핑계하지 못할지니라"(롬 1:20). 물질세계를 통해 하나님의 영광을 드러내는 것은 그분이 뜻하신 일이다.

그러므로, 하나님은 그리스도인의 외적 '행위'를 통해 그들의 기쁨이 가시적으로 드러나기를 원하신다. 그들이 알고 느끼는 모든 것이 적극적인 사랑으로 '적용'되기를 원하시는 것이다. 예수님은 이 점을 마태복음 5장에서 분명히 하셨다. 그분은 말씀하시기를, "너희 원수를 사랑하며 너희를 박해하는 자를 위하여 기도하라"(44절)라고 하셨다. 그런데 이처럼 박해하는 사람을 사랑으로 대하려면 기쁨이 있어야 한다. 이 기쁨은 히브리서 10장 34절과 12장 2절에서 보았던 바로 그 기쁨과 소망이다.

"나로 말미암아 너희를 욕하고 박해하고 거짓으로 너희를 거슬러 모든 악한 말을 할 때에는 너희에게 복이 있나니 기뻐하고 즐거워하라 하늘에서 너희의 상이 큼이라 너희 전에 있던 선지자들도 이같이 박해하였느니라"(마 5:11-12).

하늘에서 받을 상에 대한 소망이 다시 기쁨의 모양으로 현재 상태에 흘러들어오고, 이 기쁨이 있기에 우리는 우리를 박해하는 자들을 사랑할 수 있게 된다. 바로 이 점에서 가시적인 선행과의 연결고리가 나타난다. 예수님은 박해를 받는 중에도 기쁨을 발견하는 그리스도인들이 세상의 소금과 빛이라고 말씀하신다(마 5:13-15). 하지만 단순히 그들의 기쁨이 세상의 빛은 아니다. 그러한 빛은 보이지 않는다. 마음속에 있기 때문이다. 오히려 진정한 빛은 그 기쁨이 선한 행위로 흘러넘치는 것이다. "너희 빛이 사람 앞에 비치게 하여 그들로 너희 **착한 행실을 보고** 하늘에 계신 너희 아버지께 영광을 돌리게 하라"(마 5:16). 박해 가운데 있으면서도 기쁨이라는 감정을 특정한 사랑의 행동으로 '적용'할 때만 하나님의 백성이 마음속으로 그분을 얼마나 귀하고 충만한 분으로 여기고 있는지가 가시적으로 드러난다.

베드로도 자신의 첫 번째 편지에서 똑같은 말을 한 적이 있다. "너희가 이방인 중에서 행실을 선하게 가져 너희를 악행한다고 비방하는 자들로 하여금 너희 선한 일을 보고 오시는 날에 하나님께 영광을 돌리게 하려 함이라"(벧전 2:12). 예수님과 베드로 모두 그리스도인의 '행동'에서 하나님의 영광이 가시적으로 드러난다는 점을 명시적으로 지적한 것이다. 이처럼 선한 행실을 통해 "하나님의 교훈을 빛나게"(딛 2:10) 하라는 강조점은 신약 성경의 주된 가르침이 되었다. 가시적인 선행을 강조하는 다음의 몇 가지 성경 구절들을 보면 그 점이 분명히 드러나고 있다.

"우리는 그가 만드신 바라 그리스도 예수 안에서 **선한 일**을 위하여 지으심을 받은 자니 이 일은 하나님이 전에 예비하사 우리로 그 가운데서 행하게 하려 하심이니라"(엡 2:10).

"삼가 누가 누구에게든지 악으로 악을 갚지 말게 하고 서로 대하든지 모든 사람을 대하든지 항상 **선을 따르라**"(살전 5:15).

"**선을 행하고 선한 사업**을 많이 하고 나누어 주기를 좋아하며 너그러운 자가 되게 하라"(딤전 6:18).

"그가 우리를 대신하여 자신을 주심은 모든 불법에서 우리를 속량하시고 우리를 깨끗하게 하사 **선한 일**을 열심히 하는 자기 백성이 되게 하려 하심이라"(딛 2:14).

"이 말이 미쁘도다 원하건대 너는 이 여러 것에 대하여 굳세게 말하라 이는 하나님을 믿는 자들로 하여금 조심하여 **선한 일**을 힘쓰게 하려 함이라"(딛 3:8).

"또 우리 사람들도 열매 없는 자가 되지 않게 하기 위하여 필요한 것을 준비하는 **좋은 일**에 힘 쓰기를 배우게 하라"(딛 3:14).

"서로 돌아보아 사랑과 **선행**을 격려하며"(히 10:24).

"오직 **선을 행함**과 서로 나누어 주기를 잊지 말라 하나님은 이같은 제사를 기뻐하시느니라"(히 13:16).

"곧 **선행**으로 어리석은 사람들의 무식한 말을 막으시는 것이라"(벧전 2:15).

무엇을 해야 할지 분별하기

평생 배움은 자신의 지식과 감정을, 하나님을 영화롭게 하고 다른 이들에게 선을 행하는 가시적인 행동으로 옮기는 성향과 지혜를 기르는 일이다. 만약 우리가 이것을 모든 그리스도인에게 주시는 소명으로 깊이 자각한다면(살후 1:1-12), 이제 다음과 같은 질문을 하게 될 것이다. "그렇다면 우리는 어떻게 지혜의 길을 분별해야 하는가? 어떻게 수백 가지 가능성 중에서 우리가 추구해야 할 선행이 무엇인지 알 수 있는가?"

이 질문을 어떻게 하느냐에 따라 지금까지 우리가 이 책에서 다룬 내용을 어떻게 오해할 수 있는지 드러나기도 한다. 사실 우리가 이야기했던 내용들은 이 질문에 대한 대답이다. 관찰하고, 이해하고, 평가하고, 느끼는 일은 "우리가 어떻게 지혜의 길을 분별할 수 있는가?",

혹은 "우리는 어떻게 우리가 추구해야 할 선행이 무엇인지 알 수 있는가?"라는 질문에 대한 우리의 대답이다. 이제 사랑의 행위를 통해 하나님을 영화롭게 하는 적극적인 적용이라는 문제를 앞둔 시점에서 잠시 눈을 열어 정신과 마음의 앞선 네 가지 습관들에 관한 더 큰 그림에 초점을 맞춰 보자.

관찰을 통해 지혜를 분별하기

우리는 주변의 세상을 '관찰'함으로써 적용을 위한 지혜를 얻는다. "게으른 자여 개미에게 가서 그가 하는 것을 보고 **지혜**를 얻으라"(잠 6:6). 보고 지혜를 얻으라. 만약 우리가 주변 세상(자연과 인간 세상)을 향해 눈과 귀를 닫으면, 지혜롭게 행동할 수 없다. 눈먼 자가 눈먼 자를 인도하면 둘 다 구덩이에 빠지는 법이다(마 15:14). 네 이웃을 네 자신 같이 사랑하라(눅 10:27-29)는 명령에 대한 '적용'인 선한 사마리아인의 비유를 보면, 예수님이 사마리아인에 대해 이런 말씀을 하셨다. "어떤 사마리아 사람은 여행하는 중 거기 이르러 그[상처 입은 사람]를 **보고** 불쌍히 여겨"(눅 10:33). 가장 먼저, 보는 일이 있다. 그리고 불쌍히 여김이 따라오고, 그다음에는 행동이 이어진다. 이 모든 일이 보는 것에서부터 시작되었다. 보지 않으면 사랑할 수 없는 것이다. 보는 것이 전부는 아니지만(제사장과 레위인도 보았지만 피하여 지나갔다), 결코 없어서는 안 된다. 왜냐하면 우리에게 없는 사실을 가지고 지혜로운 적용을 할 수는 없기 때문이다.

이해를 통해 지혜를 분별하기

우리는 생각하고 '이해'함으로써 적용을 위한 지혜를 얻는다. 관찰로는 부족하다. 사실만으로는 충분치 않다. 반드시 생각해야 한다. 몇 가지 사실을 한데 모아서 어떤 의미를 찾아내야 한다. 길가에 상처 입고 쓰러져 있던 그 사람은 정말로 다친 것일까, 아니면 도적 떼가 심어 놓은 유인책일까? 사마리아 사람은 충분히 살펴보고 확신을 갖게 되었다. 이 사람은 정말로 상처 입고 나의 도움이 필요한 사람이다.

바울은 세월을 아끼려면 "어리석은 자가 되지 말고 오직 주의 뜻이 무엇인가 **이해하라**"(엡 5:17)라고 말했다. 그저 보기만 해서는 안 되고 이해해야 한다. 여기서 '이해하다'라는 단어 '쉬니에테'(συνίετε)는 디모데후서 2장 7절에 있는 '총명'이라는 명사의 동사형이다. "내가 말하는 것을 생각해 보라 주께서 범사에 네게 **총명**[쉬네신, σύνεσιν]을 주시리라." 관찰하고 생각하는 일은 둘 다 없어서는 안 된다. 만약 올바로 생각하지 못하여 관찰한 것에서 잘못된 추론을 하게 되면, 사랑으로 지식을 적용하려는 우리의 노력은 아마도 수포로 돌아갈 것이다.

평가를 통해 지혜를 분별하기

우리는 하나님의 가치와 그분의 말씀에 따라 다양한 선택지를 평가함으로써 적용을 위한 지혜를 얻는다. 이를 위해서는 새로워진 정신이 필요하다. 그래서 바울은 로마서 12장 2절에서 이렇게 말했다.

"너희는 이 세대를 본받지 말고 오직 마음[정신]을 새롭게 함으로 변화를 받아 하나님의 선하시고 기뻐하시고 온전하신 뜻이 무엇인지 분별하도록 하라."

이렇게 정신이 새로워지는 일은 결정적으로 "육신의 생각"이 "영의 생각"으로 바뀔 때, 곧 그저 인간적이고 타락한 사고방식이 성령님의 인도하심에 따라 빚어진 사고방식으로 대체될 때 시작된다. 다시 말해서, 성령님이 어떤 이의 삶 안으로 들어오셔서 하나님을 향한 적개심을 누그러뜨리시고, 오히려 그것을 그리스도를 향한 믿음으로 바꾸셔서 하나님과 그분의 뜻을 그 무엇보다 귀히 여기게 하실 때 이러한 일이 일어나는 것이다.

"육신의 생각은 사망이요 영의 생각은 생명과 평안이니라 육신의 생각은 하나님과 원수가 되나니 이는 하나님의 법에 굴복하지 아니할 뿐 아니라 할 수도 없음이라 육신에 있는 자들은 하나님을 기쁘시게 할 수 없느니라 만일 너희 속에 하나님의 영이 거하시면 너희가 육신에 있지 아니하고 영에 있나니 누구든지 그리스도의 영이 없으면 그리스도의 사람이 아니라"(롬 8:6-9).

거듭남의 순간(요 3:6)에 일어나는 이와 같은 결정적인 변화는 계속되는 과정으로 이어지고, 이는 평생 배움에 없어서는 안 되는 부분이다.

그래서 바울은 다음과 같이 말한다. "너희는 유혹의 욕심을 따라 썩어져 가는 구습을 따르는 옛 사람을 벗어 버리고 오직 너희의 심령이 새롭게 되어"(엡 4:22-23). 여기서 "너희의 심령"이란 단순히 논리적인 사고력만을 의미하는 것이 아니라 올바른 평가를 할 수 있는 정신의 능력을 말한다.

이처럼 새로운 심령이 있기에 바울은 "하나님의 선하시고 기뻐하시고 온전하신 뜻이 무엇인지 분별하도록[도키마제인, δοκιμάζειν] 하라"(롬 12:2)라고 명하는 것이다. 여기서 '분별하다'에 쓰인 동일한 헬라어 단어가 빌립보서 1장 9-10절에도 나타난다. "너희 사랑을 지식과 모든 총명으로 점점 더 풍성하게 하사 너희로 지극히 선한 것을 분별하며[도키마제인]". 이것은 그리스도인의 정신이 "지식과 모든 총명으로" 계속해서 변화되어 우리 그리스도인의 사랑을 지혜롭게 적용하는 지극히 선한 길을 평가하고 분별하게 해달라는 기도이다. 이처럼 우리의 새로워진 정신이 최고의 상태에 있을 때, 우리는 "범사에 헤아려[도키마제인] 좋은 것을 취"할 수 있게 된다(살전 5:21).

감정을 통해 지혜를 분별하기

우리 안에 하나님과 그분의 뜻을 향한 새로운 정서가 솟아나면, 그로써 우리는 지혜로운 적용의 길을 보고 또한 바랄 수 있게 된다. 하지만 우리가 하나님과 그분의 뜻을 '싫어하는' 한(롬 1:28; 8:7), 우리는 진리를 막게 될 것이다(롬 1:18). 즉, 실재하는 모습을 있는 그대로 보지 못할 것이다. 이는 보아도 보지 못한다는 말이다(마 13:13). 우리가 하나님과 그분의 뜻을 원하지 않으므로 실은 그것이 보화라는 사실도 보지 못하게 된다. "유혹의 욕심" 때문에 심령의 눈이 일그러지는 것이다(엡 4:22).

그러나 우리의 정신과 마음에서 그리스도와 그분의 뜻을 다른 어떤 것보다 소중하게 느낄 때(빌 3:7-8), 우리는 실재를 있는 그대로 볼 수 있다. 하나님은 더 이상 우리의 행복을 위협하는 추하고 따분한, 혹은 두려운 존재가 아니라, 우리의 아버지와 구원자, 그리고 우리의 보화가 되신다. 나아가 이렇게 새로운 것을 보게 됨으로써 또한 새로운 맛을 음미하게 된다. 곧 새로운 열망이 생기는 것이다. 따라서 지혜로운 적용의 길은 단지 눈으로 볼 수 있을 뿐만 아니라 또한 바랄 만한 가치가 있다. 하나님의 뜻에 따라 보고 음미하는 일은 하나님을 영화롭게 하고 사람들에게 복이 되는 행동을 분별하고 선택하는 데 커다란 도움이 된다.

정신과 마음의 모든 습관을 이루는 다섯 가지 방법

그렇다면 이제 앞서 제시한 질문, 곧 '수백 가지 가능성 중에 우리가 추구해야 할 선행이 무엇인지 어떻게 알 수 있는가?'에 대해 뭐라고 답할 수 있을까? 그 첫 번째 대답은 본서에서 제시하는 여섯 가지 마음과 정신의 습관을 기르는 것이다. 그런데 여기에는 또 다른 측면

이 있다. 이 여섯 가지 습관을 이루는 다섯 가지 방법이다. 어떤 이는 이 다섯 가지 방법이 여섯 가지 습관에 추가되는 별도의 정신과 마음의 습관이 아니냐고 말할 수도 있다. 하지만 나는 '별개'가 아니라 여섯 가지 각각의 습관을 기르기 위한 방법이라고 생각한다. 그 방법들을 아래에 정리해 본다.

1. 하나님의 말씀을 묵상하라

정신과 마음의 여섯 가지 습관들을 하나님의 말씀, 곧 성경으로 가득 채우라. 정신을 새롭게 형성해 가는 데 하나님의 말씀보다 더 큰 영향을 미치는 것은 없다. 성경을 꾸준히 읽고 그 내용을 진지하게 묵상하라. 성경은 하나님과 그분의 뜻을 계시함으로써 우리의 관찰과 이해와 평가와 감정이 '모든 선한 행위', 곧 하나님이 우리에게 하라고 정하신 모든 선한 행위를 적용하는 일로 흘러넘치게 한다.

> "모든 성경은 하나님의 감동으로 된 것으로 교훈과 책망과 바르게 함과 의로 교육하기에 유익하니 이는 하나님의 사람으로 온전하게 하며 **모든 선한 일**을 행할 능력을 갖추게 하려 함이라"(딤후 3:16-17).

성경의 목표는 우리가 하나님을 영화롭게 하고 사람을 사랑하는 선행이 무엇인지 알고 행하도록 돕는 것이다. 성경은 우리를 적용으로 이끄는 일에 참으로 실천적인 도움을 준다.

2. 분별할 수 있도록 기도하라

하나님이 적용을 위한 분별력을 주시기 위해 기도라는 방법을 세우셨다는 것은 참으로 명확한 사실이다. 정신과 마음의 여섯 가지 습관은 그 어느 것 하나도 기도를 통하지 않고서는 이루어질 수 없다. 이러한 습관을 잘 세워 가기 위해서 우리는 언제나 하나님을 의지해야 한다. 특히 적용의 문제에 있어서 이 점은 너무도 명백하고 절박하다.

"내가 기도하노라 너희 사랑을 지식과 모든 총명으로 점점 더 풍성하게 하사 너희로 지극히 선한 것을 분별하며 또 진실하여 허물 없이 그리스도의 날까지 이르고 예수 그리스도로 말미암아 의의 열매가 가득하여 하나님의 영광과 찬송이 되기를 원하노라"(빌 1:9-11).

지극히 선한 것은 무엇이고, 진실한 길은 무엇인가? 의의 열매는 어디에서 오는가? 어떻게 나의 선택이 하나님께 영광과 찬송이 될 수 있는가? 본문에서 말씀하는 첫 번째 대답은 바울의 '기도'이다! 따라서 우리도 기도해야 한다.

두 번째 대답은 하나님을 영화롭게 하는 진실하고 선한 삶은 우리에게 주시는 '선물'이라는 것이다. 그래서 바울은 이를 위해 기도했다. "너희 안에서 행하시는 이는 하나님이시니 자기의 기쁘신 뜻을 위하여 너희에게 소원을 두고 행하게 하시나니"(빌 2:13). "또 내 영을 너희 속에 두어 너희로 내 율례를 행하게 하리니 너희가 내 규례를 지켜 행할지라"(겔 36:27). "…평강의 하나님이 모든 선한 일에 너희를 온전하게 하사 자기 뜻을 행하게 하시고 그 앞에 즐거운 것을 예수 그리스도로 말미암아 우리 가운데서 이루시기를 원하노라"(히 13:20-21). 그리스도를 높이는 사랑 안에서 우리가 알고 느끼는 모든 것은 선물이다. 피로 값 주고 사신 자격 없는 이들에게 거저 주시는 하나님의 선물이다(롬 8:32).

하지만 그렇다고 해서 우리가 수동적으로 받기만 한다는 뜻은 아니다. 그 말의 진정한 의미는 우리가 믿음으로 행동해야 한다는 것이다. 즉, 우리는 행동하되 하나님이 그 행동 안에서 우리를 돕고 인도하기 위해 또한 자유롭게 행동하심을 믿으며 행한다.

사랑의 역사는 곧 "믿음의 역사"이다(살전 1:3; 참조 살후 1:11). "이제 내가 육체 가운데 사는 것은 … 하나님의 아들을 믿는 믿음 안에서 사는 것이라"(갈 2:20). "만일 … 누가 봉사하려면 하나님이 공급하시는 힘으로 하는 것 같이 하라 이는 범사에 예수 그리스도로 말미암아 하나님이 영광을 받으시게 하려 함이니"(벧전 4:11). 우리는 하나님이 행동하심을 믿으며 행동한다. 동시에 '내가 한 것이 아니요, 오직 그리스도시라'라고 말한다. "내가 모든 사도보다 더 많이 수고하였으나 내가 한 것이 아니요 오직 나와 함께 하신 하나님의 은혜로라"(고전 15:10). 그러는 가운데 우리는 약속된 도우심과 인도하심을 위해 '기도한다'(시 25:8-10; 히 13:5-6).

3. 성경에 전념하는 공동체 안에서 살아가라

하나님은 우리가 그리스도인의 공동체 안에서 이 여섯 가지 정신과 마음의 습관들을 이루어 가도록 정해 놓으셨다. 물론 그러한 계획에는 이미 세상을 떠난 성도들의 책을 통해 우리가 얻는 유익도 포함된다. 하지만 여기서 내가 강조하는 바는 우리의 지식을 실제로 적용하는 일에 건강한 지역 교회가 얼마나 중요한 역할을 하는지다. 성경 말씀에 의하면 그리스도께서는 그분의 백성이 성숙하여 "온갖 교훈의 풍조에 밀려 요동하지 않게"(엡 4:12-14) 하시려고 우리를 교회로 모으시고 거기에 교사들을 세우셨다. 다시 말해서, 교회의 목적은 우리를 미성숙한 믿음과 행동으로부터 지켜내는 것이다.

좀 더 구체적으로 말하면, 우리를 온전히 준비시켜 선한 행위를 하도록 독려하기 위해 세워진 것이 바로 교회이다. 즉, 우리가 아는 것을 하나님을 영화롭게 하고 사랑을 베푸는 일에 적용하게 하도록 말이다.

> "서로 돌아보아 **사랑과 선행을 격려하며** 모이기를 폐하는 어떤 사람들의 습관과 같이 하지 말고 오직 권하여 그 날이 가까움을 볼수록 더욱 그리하자"(히 10:24-25).

이는 마지막 날에 사람들이 "우리는 교회가 필요하지 않아."라고 말할 때, 우리에게는 "그 날이 가까움을 볼수록 더욱" 교회가 필요하리라는 말씀이다. 그 이유는 무엇일까? 왜냐하면 마지막 날에는 선을 행하는 일이 너무도 중요한데, 그처럼 우리의 앎을 선한 행위로 적용할 수 있도록 하나님이 세우신 없어서는 안 될 한 가지 방편이 바로 교회이기 때문이다.

4. 하나님이 주신 자신의 적성을 깨달으라

우리의 앎을 적용하는 데는 어느 한 사람이 생각하고 추론할 수 있는 것보다 언제나 더 많은 좋은 길이 있다. 하나님은 가장 보잘것없어 보이는 사랑의 적용을 취하시어 우리의 지극히 부족한 상상력을 훌쩍 뛰어넘는 열매를 맺으실 수 있다. 반대로 많은 열매를 기대하며 행한 적용을 취하시어 전혀 무익한 일로 만드실 수도 있다. 살면서 훗날에 맺을 결실을 정확하게 계산해서 선택할 수 있는 경우는 거의 없다.

우리가 알고 느끼는 것을 지혜롭고 유익하게 적용하며 사는 삶을 계획할 때 꼭 염두에 두어야 하는 한 가지 요소는 하나님이 우리에게 주신 적성이다. 여기서 말하는 '적성'이란 우리가 선천적으로 잘하고 편안함을 느끼는 어떤 것을 뜻한다. 하지만 그것이 변하지 않는다는 말은 아니다. 인생의 어느 시기에는 어떤 일을 잘 못 하는 것 같다가도, 나중에 가서 그것을 잘하고 좋아한다는 사실을 발견하기도 한다. 또한 우리가 무언가를 잘한다고 해서 반드시 그것을 해야 한다는 의미도 아니다. 예를 들어, 그 일이 죄악 된 것일 수도 있고, 혹은 잘하는 일이 한 가지 이상일 수도 있다. 또 우리가 잘하는 일은 아니지만, 하나님이 그분의 영광을 위해 우리를 도우심으로써 우리가 그 일을 사랑하고 거기서 열매 맺게 하실 수도 있다. 그분이 우리의 연약함을 사용하셔서 우리를 겸손케 하시고 그로 인해 영광 받기를 원하실 수도 있기 때문이다.

그럼에도 불구하고 대개의 경우 하나님은 우리에게 '선천적인' 능력을 주셔서 그것을 사용하고자 하신다. 그러한 선천적인 능력 중에 특별히 성령님이 구별하여 능력을 주신 것을 '영적 은사'라고 하는데, 이것이 바로 적성이다. 하나님은 일반적으로 우리가 본성적으로 잘하고 편안해하는 것을 구별하여 능력을 주시는 방식으로 우리 가운데 역사하신다.

나는 바울이 로마서 12장 6-8절에서 '은사'에 대해 이야기한 방식도 바로 그와 같은 이유 때문이라고 생각한다.

"우리에게 주신 은혜대로 받은 은사가 각각 다르니 혹 예언이면 믿음의 분수대로, 혹 섬기는 일이면 섬기는 일로, 혹 가르치는 자면 가르치는 일로, 혹 위로하는 자면 위로하는 일로, 구제하는 자는 성실함으로, 다스리는 자는 부지런함으로, 긍휼을 베푸는 자는 즐거움으로 할 것이니라."

여기서 한 가지 눈에 띄는 점은 위 구절에 제시된 '은사들' 중의 몇 가지는 단지 은사를 받은 소수의 일부 그리스도인만이 아닌 '모든' 그리스도인에게 요구되는 실천사항이라는 점이다. 예를 들어, 모든 그리스도인에게 서로 '권면하라'고 말씀하신다(히 3:13). 또한 모든 그리스도인에게 '서로 도우라'고 말씀하신다(엡 4:28; 딤전 6:18). 마찬가지로 모든 그리스도인에게 '자비를 베풀라'고 말씀하신다(눅 10:37). 그렇다면 "우리에게 주신 은혜대로 받은 은사가 각각 다르니"(롬 12:6)라는 것은 무엇을 말하는 것일까? 이에 대한 나의 대답은 다음과 같다. 비록 하나님이 우리 모두에게 권면하고, 서로 돕고, 자비를 베풀라는 소명을 주셨지만, 그럼에도 어떤 이들에게는 그것을 위한 특별한 적성을 베푸셨다. 그들에게 그것은 마치 오른손잡이가 되거나 음정을 잘 잡는 것처럼 타고나는 것이다. 하나님이 특별한 방법으로 그 적성을 정결케 하시고, 거기에 능력과 복을 내려 주신다.

따라서 우리는 평생 배움의 여정 가운데서 하나님이 주신 적성을 무시해서는 안 된다. 그것이 무엇인지 바로 알고, 나아가 그리스도의 영광을 위해 그것을 전적으로 헌신하고자 애써야 한다. 우리의 직업이 무엇이든, 우리의 취미가 무엇이든, 그리고 어떤 식으로 우리의 교회와 공동체를 섬기든, 우리는 그 모든 것을 그리스도께 거룩히 구별해 드려야 한다. 이렇게 함으로써 우리의 적성은 우리가 아는 것과 느끼는 것을 지혜롭고 유익하게 적용하는 길이 된다. 결국 우리의 적성은 하나님의 가치를 찬미하고 다른 이들에게 선을 행하도록 하나님이 주신 도구가 되는 것이다.

5. 감사하는 마음으로 하나님의 섭리를 인정하라

마지막으로, 하나님이 무소부재(無所不在)하고 만유를 아우르는 주권(사 46:10; 엡 1:11; 약 4:15)을 가지신다는 것은 지금 우리가 있는 그곳이 바로 그분이 뜻하신 자리임을 의미한다. 그곳은 감옥이 될 수도 있고, 혹은 도지사 관저가 될 수도 있다. 이 말은 우리가 알지 못하는 곳에서 수없이 많은 선행이 있을 수 있다는 뜻이다. 다른 나라의 다른 도시에서도 그런 일이 일어나고 있다. 결국 우리가 처한 시공간의 제약은 모두 하나님이 정하신 것이다.

하지만 그렇다고 우리가 다른 방이나 다른 나라로 장소를 옮길 수 없다는 뜻은 아니다. 단지 지금 이 순간, 그리고 그 어떤 순간에도, 우리는 우리가 있어야 할 곳에 있다는 말이다. 이는 하나님이 그렇게 정하시기 때문이며, 그것은 국가나 개인 모두에게 동일하다. "[하나님이] 인류의 모든 족속을 한 혈통으로 만드사 온 땅에 살게 하시고 **그들의 연대를 정하시며 거주의 경계를 한정하셨으니**"(행 17:26).

이 사실을 깨닫게 되면 우리는 현재 자신이 처한 상태를 변화시키기 위해 모든 에너지를 쏟아붓지 않을 것이다. 만약 고통스럽거나 죄악이 가득한 곳이라면, 어떻게 해서든 그 상황을 바꾸기 위해 노력하라. 그러나 또한 하나님의 섭리가 있음을 신뢰하라. 즉, 그분의 섭리에는 항상 목적이 있음을 신뢰하라.[1]

---

1) 하나님의 섭리 교리를 더 깊이 알고자 한다면 다음 책을 참고하라. John Piper, *Providence* (Wheaton, IL: Crossway, 2022); 존 파이퍼, 『섭리』, 홍병룡 역, 생명의말씀사.

지금 우리가 어떤 자리에 있는 것은 다 이유가 있기 때문이다. 내일 또 어떤 곳으로 옮기실지 우리는 알 수 없다.

생각해 보면 이것은 정말 모험과도 같은 일이다. 지금의 이 순간과 이 자리는 결코 다시 오지 않을 것이다. 따라서, 그것은 하나님이 정하신 유일무이한 시공간이다. 이 시기와 장소에서 수천 가지의 선행을 할 수는 없다. 하지만 단 몇 가지만이라도, 혹은 그저 말 한마디나 몸짓 하나, 적어도 한 가지 행동은 할 수 있다. 하나님의 섭리 가운데 지금 우리의 모습이 존재한다. 우리가 관찰하고, 이해하고, 평가하고, 느낀 모든 것을 통해 우리가 지금의 이 순간과 자리에 와 있는 것이다. 이제 눈을 열어 하나님의 지혜를 받아들이라. 지금 이곳에서 하나님의 영광과 다른 이들의 유익을 위해 행동하라.

마음과 정신의 습관이 열매를 맺음

평생 배움을 통해 우리는 다른 이의 유익과 하나님의 영광을 위해 우리가 아는 것을 적극적으로 적용해야 한다. 관찰하고, 이해하고, 평가하는 일은 하나님 안에서의 기쁨이 넘쳐흘러 그것을 수천 가지의 선행으로 적용하기 위한 것이다. 그리고 주는 것이 받는 것보다 더 복된 일이므로(행 20:35), 이렇게 적극적인 선을 행함으로써 우리는 하나님 안에서 더 큰 기쁨을 누리게 된다. 왜냐하면 그러한 기쁨은 다른 이들을 그 안으로 끌어들임으로써 더욱더 커지기 때문이다.

이와 같은 선행은 직업과 관련이 있든 없든 그 종류가 셀 수 없이 다양하다. 하지만 그 끝없는 적용의 가능성 때문에 얼어붙을 필요는 없다. 정신과 마음의 여섯 가지 습관을 형성해 가는 과정에서 하나님이 우리를 변화시켜 지혜로운 행동을 하게 하신다. 또한 건강한 교회 안에서 하나님의 말씀과 기도에 전념하며 이러한 습관들을 이루어 갈 때, 우리는 하나님의 섭리 가운데 우리에게 주신 이 자리와 적성이 결국에는 그분께 영광이 되고 다른 이들에게 복이 되는 지혜로운 행동으로 열매 맺게 되리라는 점을 확신할 수 있다.

Foundations
for Lifelong
Learning

하나님이 친히 인간의 언어로 말씀하시고 자신을 계시하셨을 뿐만 아니라, '우리'도 그분과 같이 말하는 자가 되게 하셨다. 하나님은 우리가 언어를 사용해 하나님과 소통하고, 또한 서로가 하나님에 관해, 그리고 하나님이 지으신 세상에 관해 이야기하도록 창조하셨다.

6

표현

관찰하고 이해하고
평가하고 느끼고
적용한 것을
말과 글로 표현하라

관찰 Observation
이해 Understanding
평가 Evaluation
감정 Feeling
적용 Application
표현 Expression

6

Expression

표현

 여기서 '표현'이란 우리가 관찰하고, 이해하고, 평가하고, 느낀 것을 글이나 말(혹은 수화)을 통해 전달하는 언어적 의사소통을 주로 의미한다. 앞 장에서 살펴본 적용은 초점이 '행위'를 통한 표현에 맞춰져 있었는데, 이번 장의 '표현'은 사실 앞에서 말한 '적용'의 하위범주에 속한다고 할 수 있다. 우리는 아는 것을 '행동'을 통해 적용할 수 있고, 또 다른 형태의 행동인 '말'과 '글'로도 적용할 수 있다. 그래서 우리는 정신과 마음의 습관을 여섯 가지가 아닌 다섯 가지라고도 할 수 있다. '표현'을 일종의 '적용'으로 다룰 수 있기 때문이다. 하지만 열매 맺는 삶을 위해 말과 글을 통한 의사소통 행위는 너무나도 중요하고, 또 교육과정에 있어 굉장히 핵심적인 부분이므로, 여기서는 독자적으로 주목하고자 한다.

내가 '표현'을 마음과 정신의 '습관'이라고 지칭하는 이유는 우리의 '말'이 습관적으로 사용되어야 할 방식이 있기 때문이다. 가장 보편적으로는, 하나님의 영광과 사람의 유익을 위해 말을 사용하는 능력을 기르라고 권하고 싶다. 바울은 "무엇을 하든지 **말**에나 일에나 다 주 예수의 이름으로 하고"(골 3:17)라고 했는데, 여기서 모든 말을 "주 예수의 이름으로" 하라는 것은 무슨 뜻일까? 내 생각에 이 말은 우리가 무슨 말을 하든지 언제나 주 예수님을 의지하고, 주 예수님의 진리와 뜻에 맞게, 그리고 궁극적으로는 주 예수님의 영광을 위해 해야 한다는 뜻 같다. 이렇게 하면 그리스도 안에서 하나님께 영광이 될 뿐만 아니라, 사람에게도 유익이 된다. 그래서 바울은 동시에 "너희 모든 일[말과 행위]을 사랑으로 행하라"(고전 16:14)고 명하기도 했다.

하나님이 친히 말씀하심

우리가 들이마시는 공기처럼, 언어 또한 우리의 생존(자연적인 생존과 영원한 생존)에 얼마나 중요한 것인지 쉽게 간과하곤 한다. 자연 속에 생존하는 모든 것은 하나님의 '말씀'으로 창조되고 유지된다. "믿음으로 모든 세계가 하나님의 말씀으로 지어진 줄을 우리가 아나니"(히 11:3). "그의 능력의 말씀으로 만물을 붙드시며"(히 1:3). 또한 영적인 생존, 곧 그리스도 안에서 주시는 영생의 선물도 하나님의 말씀으로 우리 안에 창조된다. "그가 그 피조물 중에 우리로 한 첫 열매가 되게 하시려고 자기의 뜻을 따라 진리의 **말씀**으로 우리를 낳으셨느니라"(약 1:18). 실로 모든 언어는 다 하나님에게서 시작되었다. 심지어 창조가 있기 전에도 삼위일체의 제2위 하나님은 "말씀"이라 불리셨다(요 1:1).

그러므로, 모든 창조 세계는 하나님이 말씀하시고 하나님을 계시하는 하나의 언어이다. 그러나 그보다 더욱 분명하고 결정적으로 하나님은 성경 안에서 인간의 언어를 통해 당신을 계시하셨다. 구약성경에는 "여호와께서 이렇게 말씀하시기를"이라는 구절이 290회, "여호와께서 이르시기를"이 267회 나타난다. "모든 **성경**[글]은 하나님의 감동으로 된 것으로"(딤후 3:16). "오직 성령의 감동하심을 받은 사람들이 하나님께 받아 **말한** 것임이라"(벧후 1:21).

하나님이 친히 인간의 언어로 말씀하시고 자신을 계시하셨을 뿐만 아니라, 또한 '우리'도 그분과 같이 말하는 자가 되게 하셨다. 짐승들은 아주 원초적인 방식으로 소통한다. 하지만 사람의 언어는 정신의 생각과 마음의 정서를 표현할 수 있을 정도로 풍요로운데, 이는 하나님이 사람에게만 주신 고유한 선물이다. 그렇게 하신 이유는 그것을 가지고 하나님과 소통하고, 또한 사람들 서로가 하나님에 관해, 그리고 하나님이 지으신 모든 세상(고전 10:26)에 관해 이야기하게 하시려는 목적이 있었기 때문이다. 그분은 구원이 말씀을 통해 우리에게 오도록 정하셨다. "그러므로 믿음은 **들음**에서 나며 들음은 그리스도의 **말씀**으로 말미암았느니라"(롬 10:17). "하나님께서 **전도**의 미련한 것으로 믿는 자들을 구원하시기를 기뻐하셨도다"(고전 1:21).

우리의 말은 얼마나 중요한가?

인간의 언어에는 엄청난 힘이 있다. 우리가 벌벌 떨고도 남을 만한 힘이다. "죽고 사는 것이 혀의 힘에 달렸나니"(잠 18:21). "의인의 입은 생명의 샘이라도"(잠 10:11). "온순한 혀는 곧 생명 나무이지만 패역한 혀는 마음을 상하게 하느니라"(잠 15:4). 선과 악 모든 면에서 사람의 혀에는 막강한 능력이 있다. 은혜를 끼칠 수도 있고(엡 4:29), 또는 "맹렬한 불"(잠 16:27) 같이 고통을 퍼뜨릴 수도 있다.

야고보서에 담긴 풍성한 지혜의 말씀 중에 가장 많은 분량을 차지하는 것이 바로 혀에 관한 내용이다. 야고보는 인간의 언어 사용은 도무지 종잡을 수가 없어서 우리 삶에서 가장 통제하기 어려운 부분이라고 묘사한다.

"만일 **말**에 실수가 없는 자라면 곧 온전한 사람이라 능히 온 몸도 굴레 씌우리라 우리가 말들의 입에 재갈 물리는 것은 우리에게 순종하게 하려고 그 온 몸을 제어하는 것이라 또 배를 보라 그렇게 크고 광풍에 밀려가는 것들을 지극히 작은 키로써 사공의 뜻대로 운행하나니 이와 같이 혀도 작은 지체로되 큰 것을 자랑하도다 보라 얼마나 작은 불이 얼마나 많은 나무를 태우는가 혀는 곧 불이요 불의의 세계라 혀는 우리 지체 중에서 온 몸을 더럽히고 삶의 수레바퀴를 불사르나니 그 사르는 것이 지옥 불에서 나느니라 여러 종류의 짐승과 새와 벌레와 바다의 생물은 다 사람이 길들일 수 있고 길

들여 왔거니와 혀는 능히 길들일 사람이 없나니 쉬지 아니하는 악이요 죽이는 독이 가득한 것이라 이것으로 우리가 주 아버지를 찬송하고 또 이것으로 하나님의 형상대로 지음을 받은 사람을 저주하나니 한 입에서 찬송과 저주가 나오는도다 내 형제들아 이것이 마땅하지 아니하니라"(약 3:1-10).

그러므로, 우리가 혀를 어떻게 사용하느냐, 곧 말을 어떻게 하느냐는 참으로 중요한 문제가 아닐 수 없다. 사실 이건 아주 절제된 표현이다. 예수님은 우리의 언어 생활이 가져올 수 있는 심각성을 강조하기 위해 입은 마음의 상태를 보여 주는 척도라고 되새겨 주셨다. 그리고 마지막 날에는 우리가 그리스도인으로서 올바로 살았는지 판단하기 위해 우리의 말을 그 증거로 삼겠다고 하셨다.

"선한 사람은 그 쌓은 선에서 선한 것을 내고 악한 사람은 그 쌓은 악에서 악한 것을 내느니라 내가 너희에게 이르노니 사람이 무슨 무익한 말을 하든지 심판 날에 이에 대하여 심문을 받으리니 네 말로 의롭다 함을 받고 네 말로 정죄함을 받으리라"(마 12:35-37).

그러니 우리가 자신을 표현하는 일에서 그리스도를 높이고 은혜를 끼치는 습관을 기르고자 한다면, 우리의 말과 글에 어떤 특징들이 나타나야 할까? 어떤 이는 그 안에 성숙한 그리스도인의 특징이라고 할 만한 일반적인 덕목이 모두 드러나야 한다고 말할 수도 있다. 그럴 때 어떤 의미에서 우리의 말에 하나님을 영화롭게 하고 사람을 사랑하는 것에 관한 성경의 모든 가르침이 적용되었다고도 말할 수 있다. 하지만 나는 다음과 같이 그리스도인의 말과 글을 특징짓는 일곱 가지 덕목에 특별한 초점을 맞추고자 한다.

1. 우리의 말은 진실해야 한다

그분은 "거짓이 없으신 하나님"(딛 1:2)이시다. 그분은 "진리의 하나님"(사 65:16)이시고, 그분의 영은 "진리의 영"(요 14:17)이시다. 그리고 그분의 아들은 곧 진리이시다(요 14:6). 바울은 "사람은 다 거짓되되 오직 하나님은 참되시다"(롬 3:4)라는 말로 하나님께 대해 제기될 수 있는 일체의 비난을 물리친다. 따라서 우리가 진실함에 열중해야 하는 이유는 하나님을 본받는 자가 되기 위해서다. "사랑을 받는 자녀 같이 너희는 하나님을 본받는 자가 되고"(엡 5:1). 그분께 거짓이 없으니, 우리에게도 절대 거짓이 있어서는 안 된다.

그러나 진실에 열중해야 하는 이유는 본받는 것보다 더 깊은 곳에 뿌리를 두고 있다. 하나님은 그저 거짓말을 하지 않으시기에 한없이 믿을 만한 분이 아니시다. 그분은 오히려 진리 그 자체의 근간이시고, 모든 진리의 원천이시다. 따라서 그분은 모든 진리의 척도이시다. 그렇기에 우리는 단순히 하나님이 진실을 말씀하시는 모습을 본받는 정도가 아니라, 그분의 본성, 즉 그분의 가치와 성품과 속성을 통해 우리의 모든 주장을 판단해야 한다. 하나님은 실재하는 모든 것의 참모습을 규정하는 궁극적 실재이시다. 그러므로 우리의 말이 진실하다는 것은 우리가 전달하고자 하는 바가 실재와 일치한다는 의미가 된다.

따라서 진실하게 말하지 않는 것은 하나님을 배신하는 행위다. 먼저는 하나님이 행하시는 대로 행하지 않았다는 점에서, 또 하나님의 실재와 일치하지 않게 말했다는 점에서, 나아가 그분의 약속을 믿지 못했다는 점에서 그렇다. 정말로 하나님이 우리를 돌보시며(벧전 5:7) 전능한 사랑으로 우리에게 복 주시고(렘 32:41) 우리의 죄를 용서하시며(롬 4:7) 우리의 모든 필요를 채우시고(롬 8:32; 빌 4:19) 그리하여 우리가 세상 그 누구도 두려워하지 않게 하심을(히 13:5-6) 믿는다면, 거짓말을 해야 할 이유가 어디에 있겠는가? 우리는 다른 사람에게 잘 보이려 하거나 남의 명성에 흠집을 낼 필요가 없다. 사람들에게 그들의 실제 모습보다 더 잘났다고 말할 필요도 없고(아첨, 잠 26:28), 그들을 실제 모습보다 더 못나게 깎아내릴 필요도 없다(비방, 벧전 2:1). 하나님이 우리 뒤에 계신다. 언제나 그분을 믿고 사실만을 말하면 된다.

그리스도인은 모든 부분에서 하나부터 열까지 진실해야 한다. 우리는 어둠의 자녀가 아닌 빛의 자녀들이다(엡 5:8). 또한 "진리의 말씀, 곧 구원의 복음"(엡 1:13)으로 구원을 받았다. 그 말은 성경에서 진실함을 명하시는 데는 다 심오한 근거가 있다는 뜻이다. 아무 근거 없이 허공에 외치는 소리가 아니다. "네 이웃에 대하여 거짓 증거하지 말라"(출

20:16). "너희는 … 서로 거짓말하지 말며"(레 19:11). "그런즉 거짓을 버리고 각각 그 이웃과 더불어 참된 것을 말하라"(엡 4:25). "너희가 서로 거짓말을 하지 말라 옛 사람과 그 행위를 벗어 버리고"(골 3:9). 진실을 왜곡하여 우리의 삶을 좀 더 편하게 만들려는 행위는 더 이상 실재하는 우리의 모습이 아니다. 거짓은 '옛 사람'과 함께 죽었다. 그리스도인이 지녀야 할 표현의 습관은 진실을 전하는 습관이다.

2. 우리의 말은 분명해야 한다

만약 우리가 진실을 사랑한다면, 진실을 분명하게 말하는 일도 사랑할 것이다. 왜냐하면 다른 사람을 위한 진실의 가치는 그것을 분명하게 전달할 때 드러나기 때문이다. 그리스도인은 사람을 사랑한다. 따라서 우리는 사람을 어둠 속에 버려 두지 않고 진리의 빛으로 이끌어 오기를 원한다. 분명하지 않은 것은 무능하거나 자신이 없는 모습, 혹은 비뚤어진 모습을 드러내는 지표이다. 즉, 무언가를 분명하게 진술하는 능력이 부족해서 그럴 수 있다. 또는 진실을 너무 노골적으로 말하면 다른 이의 마음을 상하게 할까 두려워 꺼릴 수 있다. 혹은 아예 의도적으로 속이려고 드는 것일 수도 있다. 이처럼 분명하지 못한 것에는 악의가 있을 수도 있고 없을 수도 있다. 하지만 어떤 경우든 바람직하지는 않으며, 우리가 추구하는 평생 배움의 목표는 말하고 쓰는 능력을 길러 진실을 명확하게 전달하는 것이다.

용어의 정의

이는 우리의 말을 듣는 이들이 우리가 사용하는 특정한 단어나 개념의 의미를 모른다는 진지한 의심이 들 때 그 용어의 정의를 내리는 것이다. 2장에서 우리는 다른 이들이 쓴 글을 읽을 때 '합의점 찾기'가 필요하다고 말했다. 그것은 어떤 단어의 의미가 저자의 생각과 독자의 생각 속에서 일치하는지 분명히 하는 과정을 뜻한다. 예컨대, 만일 우리가 뜨끈하고 얼큰한 국물을 마시며 '시원하다'라고 했는데, 다른 사람은 이것을 온도가 낮고 서늘하다는 의미에서 이해한다면, 우리의 생각은 분명하게 전달되지 않을 것이다. 우리의 의도가 불분명해진 것이고, 한 단어에 너무 많은 의미가 담긴 것이다.

합의점 찾기는 바로 이러한 일이 일어나지 않도록 하는 것이다. 그리고 그것은 주로 말을 하는 사람이나 글을 쓰는 사람의 책임이다. 만약 토론할 때 다른 사람이 사용하는 용어와 개념을 모두가 분명히 알도록 하는 것을 최우선 과제로 삼는다면, 아마 상당수의 논쟁이 사라질 것이다. 용어를 정의하는 일에 신경을 쓰지 않는 사람은 어쩌면 올바른 의사소통을 하고자 하는 사랑의 마음 없이 그저 자신의 주장만 내세워 그것을 관철하려는 사람일지도 모른다.

질서정연함 속에 명확성

의사전달을 명확히 하기 위해서는 합의점 찾기뿐만 아니라 질서정연한 사고도 필요하다. 진실한 말을 많이 할 수 있겠지만, 그것을 뒤

죽박죽 무질서하게 말하면 아무도 우리가 말하고자 하는 바를 알아듣지 못한다. 누가는 누가복음을 쓰며 자신의 목적을 다음과 같이 말했다. "그 모든 일을 근원부터 자세히 미루어 살핀 나도 데오빌로 각하에게 **차례대로** 써 보내는 것이 좋은 줄 알았노니 이는 각하가 알고 있는 바를 더 확실하게 하려 함이로라"(눅 1:3-4). 여기서 "차례대로"라는 말은 '시간과 장소 혹은 논리에 있어 순서대로'라는 뜻이다.[1]

이러한 질서정연함의 목표는 명확성이다. 우리는 사람들이 우리 말을 듣고 갈피를 못 잡아 헤매기를 원치 않는다. 만약 우리에게 독자(혹은 청자)를 배려하는 마음이 있다면, 그들이 우리가 생각하는 바를 잘 따라오도록 우리의 생각을 일목요연하게 정리하는 데 신경을 쓸 것이다. 물론 다른 사람에게 명확하지 못한 것은 대개 우리가 스스로 명확하지 않기 때문이라는 사실은 자명한 이치이다. 즉, 우리가 무슨 생각을 하는지 분명하지 않아서다. 그렇다면 명확하게 말하기 위해서는 먼저 우리 자신의 생각을 명확히 정리해야 한다.

의도적인 모호성?

하지만 여기에는 의도적인 모호성 같은 예외도 있다고 말하는 사람도 있을 것이다. 예수님도 몇몇 비유에서 이 의도적인 모호성을 사용

---

[1] W. Bauer, F. W. Danker, W. Arndt, and F. W. Gingrich, *A Greek-English Lexicon of the New Testament and Other Early Christian Literature*, 3rd ed. (Chicago: University of Chicago Press, 1999), 490. 한국어판으로는 독일어판에서 직접 번역해 2017년에 발간한 『바우어 헬라어 사전』(발터 바우어 외, 이정의 역, 생명의말씀사)이 있다.

하셨다. 예를 들어, 그분의 제자들이 예수님께 왜 비유로 말씀하시는지 물었을 때 그분은 다음과 같이 대답하셨다.

"하나님 나라의 비밀을 너희에게는 주었으나 외인에게는 모든 것을 비유로 하나니 이는 그들로 보기는 보아도 알지 못하며 듣기는 들어도 깨닫지 못하게 하여 돌이켜 죄 사함을 얻지 못하게 하려 함이라 하시고"(막 4:11-12).

다시 말해서, 예수님은 그분의 제자가 되려고 하지 않는 이들을 일종의 사법적 무지에 빠뜨리신 것이다. 그것은 일종의 심판이었다. 즉, 그들을 자신의 죄 가운데 넘기시는 것이었다. 우리는 그리스도인이 의도적인 모호성을 지혜롭게 사용할 때가 아주 간혹가다 있을 수 있다는 점을 부인하지 않는다. 예를 들어, 네 살짜리 아이가 남녀의 성관계나 아빠가 심장 수술을 받은 일에 관해 물을 때 지혜로운 부모는 모호한 대답을 하겠지만, 그것은 단순히 아이를 속이려는 것이 아니라 그 아이가 이해할 수 있을 나이가 될 때까지 명확한 답변을 미루는 것이다.

의도적인 모호성을 보다 긍정적으로 사용하는 경우도 있다. 예를 들어, 시를 쓸 때 중의적인 표현을 사용하거나, 혹은 어떤 점을 직접적으로 표현하지 않고 간접적으로 전달할 수도 있다. 이처럼 보통 시에서는 정밀함과 정확성을 목표로 하기보다는 보다 덜 명확한 언어를 사용하는데 이에 대해 다음 두 가지를 언급할 필요가 있다. 첫째, 시의 문학적 형태 자체에서 독자들은 자신의 기대치를 바꾸어 저자가 의도한 대로 시를 읽으려고 주의한다는 점이다. 예컨대, 어떤 정의를 내리기보다는 이미지를 통해 접근하는 저자의 방식을 즐기는 것이다. 둘째, 시인이 진리에 대한 믿음을 갖고 진실한 것을 전하고자 한다면, 설사 그 시에서 사용된 언어가 간접적이라 할지라도 진리를 전하는 데 사용될 수 있다.

이렇게 몇 가지 예외를 인정할 수는 있지만, 그럼에도 일반적으로 그리스도인은 명확한 의사 전달에 중점을 두어야 한다. 사도 바울은 이 점을 매우 중시했다. "이에 숨은 부끄러움의 일을 버리고 속임으로 행하지 아니하며 하나님의 말씀을 혼잡하게 하지 아니하고 오직 진리를 나타냄으로 하나님 앞에서 각 사람의 양심에 대하여 스스로 추천하노라"(고후 4:2). 여기서 "진리를 나타냄으로"라는 말은 단지 '진리를 말하다' 정도가 아니라, 할 수 있는 한 솔직하고 명확하게 그 진리를 말하는 것을 의미한다.

명확성과 덕을 세움

바울이 이처럼 명확성에 열중했던 주된 동기 중 하나는 그것이 없이는 사람들이 믿음 위에 '세워질' 수 없기 때문이었다. 바울은 고린도의 그리스도인에게 여럿이 함께 모인 자리에서는 사람이 이해할 수 없는 말을 해서는 안 된다고 주장했다. "네가 영으로 축복할 때에 알지 못하는 처지에 있는 자가 **네가 무슨 말을 하는지 알지 못하고** 네 감사에 어찌 아멘 하리요 너는 감사를 잘하였으나 그러나 다른 사람은 **덕 세움을 받지 못하리라**"(고전 14:16-17). 이 점을 강조하기 위해 그는 "교회에서 내가 남을 가르치기 위하여 깨달은 마음으로 다섯 마디 말을 하는 것이 일만 마디 방언으로 말하는 것보다 나으니라"(고전 14:19)라고 했다. 만약 우리가 사람을 사랑한다면(만약 우리의 말로 그들의 덕을 세우고자 한다면), 우리도 바울과 함께 이 명확성을 위해 열중해야 한다.

3. 우리의 말에는 진정성이 있어야 한다

그리스도인의 의사소통에는 진정성과 정직성, 그리고 순전함이 중요하다. 진정성과 진실성의 차이점은 진실성은 우리의 말이 사실과 일치하는 것을 뜻하는 반면, 진정성은 우리가 하는 말이 우리의 마음과 일치하는 것을 의미한다. 따라서 진정성의 반대말은 위선이다. 인위적으로 만들어낸 말을 한다는 뜻이다. 그것은 우리의 마음속 깊은 곳에서 일어나는 일을 정직하게 보여 주는 것이 아니다.

사도 바울은 다시 한번 이러한 진정성의 심오한 본보기를 우리에게 제시해 준다. "우리는 수많은 사람들처럼 하나님의 말씀을 혼잡하게 하지 아니하고 곧 **순전함**으로 하나님께 받은 것 같이 하나님 앞에서와 그리스도 안에서 말하노라"(고후 2:17). 이는 참으로 놀라운 말씀이다. 여기에는 부정적인 진술과 긍정적인 진술이 함께 들어 있다.

- 부정: 우리는 하나님의 말씀을 혼잡하게 하지 않는다. 다시 말해서, 우리의 말은 돈에 대한 욕망으로 좌지우지되지 않는다. 오로지 돈을 사랑하는 마음에 이끌려 하나님이 죄인을 구원하시는 이 모든 진리에 대해 이러쿵저러쿵 말하는 것은 진정성 있는 말이라고 할 수 없다. 그것이야말로 진정성 없는 언행의 본질이다.
- 긍정: 우리는 다음의 네 가지 방식으로 하나님의 말씀을 전한다. (1) 우리가 입을 열어 전하는 그 실재에 대해 '순전함'[2]과 정직함, 그리고 진정성 있는 마음으로. (2) '하나님께 받은 것 같이', 곧 우리 자신의 권위에 기대어 우리 자신의 말을 하지 않는다. 우리는 전적으로 하나님이 주시는 내용과 그분의 권위에만 의존한다. (3) '하나님 앞에서', 곧 모든 사람 위에 계신 그분께 말씀드리듯, 그분께 책임 있게, 그분께 평가받듯. (4) '그리스도 안에서', 곧 그리스도와 우리의 연합으로 인해 하나님이 우리를 받아 주심을 의지하여, 그리고 그 하나 됨으로부터 능력을 받아 그분이 사랑이신 것처럼 우리도 진정성 있는 사랑의 마음으로 행동한다.

적절한 감정

이러한 진정성에 대한 요구에는 적절한 감정에 대한 요구도 포함된

---

[2] 헬라어 '에일리크리네이스'는 "거짓된 꾸밈이 없는 특성이나 상태, 곧 '순전함', 순수한 동기"를 의미한다. Bauer, Danker, Arndt, and Gingrich, *Greek-English Lexicon*, 282; 발터 바우어 외, 『바우어 헬라어 사전』.

다. 물론 감정이 진정성과 동일한 것은 아니다. 왜냐하면 적절한 감정을 느끼지 못하더라도 감정을 속이지 않거나, 또는 그저 우리가 충분한 감정을 느끼지 못한다고 인정한다면, 그것도 여전히 진정성 있는 것이기 때문이다. 우리는 적절한 감정이 부족할 때 우리의 반응이 그 부족함 감정을 진정성 있게 추구하기를 바란다.

감정을 느끼지 못할 때, 혹은 잘못된 감정이나 균형을 잃은 감정을 느낄 때라도 그것을 진정성 있게 표현하는 일이 속이는 일보다는 더 낫다. 하지만 그보다 훨씬 더 좋은 것은 진실하고 균형 있는 감정을 추구하는 일이다. 장례식장에서 하는 말과 결혼식장에서 하는 말은 거기에 따르는 감정이 서로 다르다. 결혼식장의 하객들에게 그 자리가 즐겁지 않다는 말을 솔직하게 하는 능력은 진정성이 목표로 삼는 바가 아니다. 진정한 목표는 우리가 응당 느껴야 하는 감정을 느끼고, 그것을 진정성 있게 나누는 것이다.[3]

말의 진정성을 가늠하는 한 가지 지표는 말을 하다가 잠시 멈추어 침묵하며 다른 이들의 말을 들으려는 의향이 있는가 하는 점이다. 다시 말해서, 침묵이나 다른 관점이 우리의 오류를 드러낼까 염려되어 쉬지 않고 말하려는 충동을 느끼지 않는 것이다. 잠언도 이에 대해 말하고 있다. "말이 많으면 허물을 면하기 어려우나"(잠 10:19). 말은 마음을 정직하게 드러내는 수단이어야 한다. 그러나 진정성 없는 말은 그

---

[3] 우리가 느껴야 할 합당한 감정을 느끼지 못할 때 그것을 어떻게 얻을 수 있는지에 관한 내 생각은 172-183쪽을 보라.

와 반대되는 모습을 나타낸다. 부적절한 의도를 감추고 또 그것을 들키지 않기 위해 계속해서 말을 쏟아내는 일이 많다. "그런즉 마땅히 말을 적게 할 것이라 걱정이 많으면 꿈이 생기고 말이 많으면 우매한 자의 소리가 나타나느니라"(전 5:2-3).

진정성 있는 말에는 위험이 따를 수 있다. 거기에는 겸손하고 지혜로운 투명함이 필요하다. 마음속에 있는 모든 것을 언제 어디서나 내뱉어서는 안 된다. 말을 하는 것이나 침묵하는 것 모두 지혜와 사랑이 필요한 일이다. 하지만 사랑의 동기로 말을 자제하는 것과 자신의 진짜 감정을 감추기 위해 진정성 없는 말을 하는 것 사이에는 커다란 차이가 있다. 나는 우리 모두가 평생 배움을 해나가는 과정에서 아는 것과 느끼는 것을 겸손하고 지혜롭게, 그리고 진정성 있게 표현하는 습관을 길러갈 수 있기를 바란다.

4. 우리의 말은 사려 깊어야 한다

여기서는 내 생각을 표현하는 적절한 단어를 찾는 데 어려움이 있었다고 인정해야 하겠다. 나는 '사려 깊게'(thoughtful)라는 표현을 썼는데, '배려심'이나 '관심'이란 의미에서가 아니다. 사실 배려심이나 관심은 지금 우리가 살펴보는 표현과 관련한 특징들이 다 같이 지향해야 할 목표이다. 즉, 그것은 다른 사람을 사랑하는 것의 한 부분이고, 따라서 적용과 표현의 목표이다.

내가 의도하는 바는 오히려 '가벼움'이나 '하찮음', 혹은 '공허함'의 반대말이다. 이러한 특징들의 반대가 되는 긍정적인 단어에는 무엇이 있을까? 우선 '진지하게'를 떠올려 보았다. 하지만 대부분의 사람들이 '진지함' 하면 '엄숙함'이나 '침울함'처럼 너무 좁은 의미로만 생각할 수 있는데, 그것은 내가 의도한 바가 아니다. 다음으로 '실질적으로'란 단어도 생각해 보았는데, 이 또한 사람들 대부분이 '실용성'의 의미로 받아들일 수 있기에 이것도 내가 의미하는 바는 아니다. 어쩌면 '의미 있게'가 가장 가까울 수도 있겠다. 아니면 여러분이 더 나은 단어를 생각해 봐도 좋을 것 같다.

내가 말하고자 하는 바는 그리스도인은 바울이 디도서 1장 10절에서 언급하는 사람들처럼 "불순종하고 **헛된 말을 하는 자**"가 되어서는 안 된다는 점이다.

이 "헛된 말을 하는 자"(마타이오로고스, ματαιολόγος)를 학계의 표준적인 사전에서는 '허풍쟁이'로 정의하고 있다.[4] 우리가 주목하는 것은 도무지 진지함을 견디지 못하는 듯 보이는 사람들이다. 이들은 주변 사람들이 무언가 중대한(실질적인, 진지한, 의미 있는) 사안에 관해 대화를 나누고 있으면 어색함을 느낀다. 기본적으로 이들은 익살스러운 말을 하거나 말장난을 하려고 하며, 혹은 대화의 주제를 가벼운 것으로 옮기려고 한다. 하지만 이는 건강한 지표가 아니다. 객기를 부리거나 시시콜

---

4) Bauer, Danker, Arndt, and Gingrich, *Greek-English Lexicon*, 621; 발터 바우어 외, 『바우어 헬라어 사전』.

하거나 경박스러운 모습으로 일상을 살아가기에 인생은 너무도 소중하고 짧다.

유머

'실질적이고', '진지하고', '의미 있는' 말이라고 해서 거기에는 유머가 전혀 없다는 뜻이 아니다. 하지만 깜짝 놀랄 만한 실수에 나도 모르게 웃음이 터져 나오는 것과, 항상 무언가를 비꼬듯 낄낄거리는 것 사이에는 차이가 있다. 찰스 스펄전은 이 점을 정확하게 지적한다.

> 우리는(특히 우리 중 어떤 이들은) 우리 안에 있는 천박한 기질을 타파해야 한다. 거룩한 흥겨움과 세상에 만연한 천박함 사이에는 큰 차이가 있다. 전자는 미덕인 데 반해 후자는 악덕이다. 마음을 다해 웃지는 않으면서 매사에 실없는 소리를 하는 천박함이 있다. 그것은 무례하고, 공허하고, 진실하지 않은 것이다. 진심 어린 웃음은 천박함이 아니라 가슴의 외침이다.[5)]

통속적이거나 침울한 종류의 진지함이 끊이지 않고 계속되면 필연적으로 대다수의 사람들은 영혼의 질병을 앓게 된다. 하나님이 인생을 그런 모습으로 창조하지 않으셨기 때문이다.

---

5) Charles Spurgeon, *Lectures to My Students* (Grand Rapids, MI: Zondervan, 1972), 212; 찰스 스펄전, 『목회자 후보생들에게(전 3권)』, 이종태, 김기찬 역, 생명의말씀사.

예를 들어, 세상의 어린 아기들은 우리가 아무리 과도하게 열심을 쏟아부어도 조금도 감명을 받지 않는다. 이 아기들은 그저 옹알거리며 웃음을 머금고 아빠에게 같이 앉아서 놀아 달라고 할 뿐이다. 이 일을 기쁨으로 감당할 수 없는 아빠는 죄의 참된 심각성을 깨닫지 못할 것이다. 왜냐하면 그에게는 하나님이 그 죄의 참상으로부터 보존하신 것을 즐길 수 있는 능력이 없기 때문이다. 그런 사람은 참으로 병든 사람이고, 다른 이를 건강하게 이끌기에 적합하지 않은 사람이다. 열심은 좋은 것이다. 참으로 좋은 것이다. 그러나 그런 사람은 결국에 가서는 열심을 위한 열심을 낼 뿐, 기쁨을 위해 열심을 내지는 못한다.

따라서 우리 삶의 참된 싸움은 가능한 한 하나님 안에서 행복해지는 것이다. 그런데 그렇게 되려면 아주 특별한 열심히 필요하다. 왜냐하면 하나님은 우리가 행복해하지 않으면 끔찍한 일이 일어날 것이라고 경고하셨기 때문이다(신 28:47).

'사려 깊게' 표현하는 습관은 지속적인 영향을 미친다. 사려 깊게 말하는 사람은 진지해야 할 때 천박한 말로 남을 당황스럽게 하거나, 의미 있는 것에 대해 실없는 소리를 하거나, 혹은 지혜가 필요할 때 어리석은 모습을 보이지 않는다. 즉, '사려 깊은' 사람의 주위에 있는 사람들은 그가 눈앞의 상황에 대해 지혜롭게 생각하고 있으며, 필요할 때 의미 있는 말을 할 것이라고 확신할 수 있다.

5. 우리의 말은 창의적이어야 한다

이는 모든 사람이 시인이 되거나 창의적인 문학 작품을 써야 한다는 뜻이 아니다. 내가 의도한 바는 우리가 다른 사람의 유익을 구하는 일에 최대의 성과를 내기 위해 늘 새로운 단어를 선택하고, 그것을 새롭게 배열하며, 또 그것을 새로운 방식으로 전달하는 능력을 기르려는 열망을 품어야 한다는 뜻이다. 따라서 목표는 우리가 다 시를 쓰는 것이 아니다. 그보다는 사람들이 우리의 말에 귀를 기울일 수 있도록 이목을 끄는 언어를 사용하는 데 힘쓰고, 그리하여 시간이 지남에 따라 그들이 우리의 말을 즐겁고 유익하게 들을 수 있기를 기대하는 것이다.

세상에서 가장 좋은 소식을 흥미롭게 전하는 일은 참으로 아름다운 일이다. 그리스도인은 그 최고의 소식이 무엇인지 안다. 그리고 그 안에 담긴 흥미로움은 무한하다. 그 높이와 깊이와 길이와 너비가(엡 3:18) 무궁무진하다. 복음은 따분한 것이 아니다. 그런데 그것을 마치 따분한 것인 양 전하면 그것은 죄다. 사람들의 관심과 흥미를 불러일으키는 한 가지 방법이 바로 언어를 창의적으로 사용하는 것이다. "어떤 단어를 선택할까? 그것을 말이나 글로 어떻게 전달할까?" 이러한 질문들을 통해 우리는 창의성을 기르고, 바라는 결과를 얻게 된다.

한밤의 도둑

창의적인 단어 사용의 한 예로 예수님이 인자의 오심을 밤에 도둑이 오는 것으로 비유하신 것을 들 수 있다.

"너희도 아는 바니 집 주인이 만일 도둑이 어느 때에 이를 줄 알았더라면 그 집을 뚫지 못하게 하였으리라 그러므로 너희도 준비하고 있으라 생각하지 않은 때에 인자가 오리라 하시니라"(눅 12:39-40).

제자들은 서로를 바라보며 "내가 예수님 말씀을 제대로 들은 게 맞나?" 하고 생각했을 수도 있다. 세상 끝날에 영광 중에 오실 인자가 도둑에 비유되다니! 이 표현은 일반적인 사고를 벗어난다는 점에서 창의적이다. 우리의 정신이 일반적인 단어 사용의 범위를 넘어, 사람들의 관심을 이끌어내고 지속적으로 흥미를 유발하여 방금 했던 말을 다시 한번 생각해 보게 하는, 그런 단어들을 창의적으로 찾고 떠올리게 하자.

추상적이지 않고 구체적인

창의적인 어휘 사용의 또 한 가지 지표는 구체성이다. 마치 우리의 눈과 귀로 혹은 코와 혀와 손끝으로 보고 듣고 냄새 맡고 맛보고 느끼는 것처럼 구체적인 예를 들어 말하는 것이다. 이는 일반화나 추상화와 반대되는 개념이다. 우리의 관심과 흥미는 일반적인 것보다는 구체적인 것에, 추상적인 말보다는 실제적인 예들에 더 반응하고 지속된다. 예를 들면 다음과 같다. 그저 과일이라고 하기보다는 복숭아라고 하는 것이, 그저 동물이라고 하기보다는 개라고 하는 것이, 그저 날씨라고 하기보다는 비가 온다고 하는 것이, 그저 행성이라고 하기보다는 해왕성이라고 하는 것이, 그저 운동이라고 하기보다는 농구라고 하는 것이, 그저 아침 식사라고 하기보다는 버터 바른 빵과 베이컨이라고 하는 것이, 그저 옷이라고 하기보다는 갈색 모직 스웨터라고 하는 것이, 그저 공구라고 하기보다는 녹슨 소켓 렌치라고 하는 것이, 그리고 그저 친구라고 하기보다는 존과 데이비드라고 하는 것이 더 좋다.

마크 트웨인(Mark Twain)이 이런 말을 한 적이 있다. "거의 맞는 단어와 맞는 단어의 차이는 … 반딧불이(lightning bug)와 번개(lightning)의 차이와 같다."[6] 그는 이러한 표현 방식을 통해 자신의 논점을 실증적으로 보여 주었다. 반딧불이와 번개를 대조함으로써 우리의 관심을 유발하고, 그 구체적이고 커다란 차이에 웃음을 짓게 하며, 우리에게 동일한 영감을 불어넣는다.

하지만 오해하지 않기를 바란다. 추상화(혹은 일반화)는 우리 삶에 유용하고 꼭 필요하다. 만약 당신이 특정하고 구체적이며 아주 실제적인 어떤 교차로에서만 교통 규칙이 적용된다는 것을 알고, 그 동일한 규칙이 다른 곳에서도 적용된다는 사실을 모른다면, 당신은 운전대를 잡으면 안 된다. 우리는 구체적인 것에서 원리를 추출하고 그것을 일반화함으로써 생존해 간다. 이것은 우리가 살아가는 데 없어서는 안 되는 것이다. 사람들은 당신과 대화하며 그저 당신의 집 앞마당에 있

---

[6] "Respectfully Quoted: A Dictionary of Quotations," Bartleby에서 인용, 2014년 5월 11일 접속, http://www.bartleby.com/.

는 단풍나무에만 적용되는 어떤 진실을 듣고 싶어 하지는 않는다. 하지만 그 특정한 나무를 구체적으로 언급함으로써 어떤 원리를 완벽하고 분명하게 드러낼 수는 있을 것이다.

하나님은 우리에게 오감을 주셨다. 우리는 인동초 향기를 맡을 수 있고, 층층나무에 꽃이 피는 모습을 볼 수 있다. 비둘기가 구구거리는 소리를 들을 수 있고, 칙필레(Chick-fil-A, 미국의 대표적인 패스트푸드 외식 업체)의 매운맛 버거를 맛볼 수도 있다. 또한 영하 10도의 살을 에는 듯한 찬바람이 얼굴에 불어닥치는 것을 느낄 수도 있다. 물론 우리는 이성적이고 추상화하는 존재임이 확실하다. 하지만 하나님은 우리를 보다 즉각적인 감각의 존재로 만드셨다. 우리에게 있는 이러한 본성을 창의적인 언어로 연결 짓는 일은 평생 배움의 가치 있는 목표이다.

바울이 "너희 말을 항상 은혜 가운데서 소금으로 맛을 냄과 같이 하라"(골 4:6)라고 한 말은 우리의 말이 냉담하고 무미건조해서는 안 된다는 뜻이다. 마치 소금이 음식에 풍미를 더하듯이 우리도 효과적인 언어 사용을 위해 노력해야 한다. 소금으로 맛을 낸 말은 다음과 같은 모습을 띤다. "경우에 합당한 말은 아로새긴 은 쟁반에 금 사과니라"(잠 25:11). 우리의 말이 마치 "아로새긴 은 쟁반에 금 사과"처럼 듣는 이의 귀에 즐거움이 될 수 있도록 해야 한다.

성경에는 언어적 효과를 높이기 위한 온갖 종류의 문학적 장치들로 가득하다. 두운법, 비유, 의인화, 유운, 운율, 교차대구법, 자음 반복, 대화, 과장법, 반어법, 은유, 음보, 의성어, 역설, 평행구조, 반복, 각운, 풍자, 직유 등 이 모든 것이 넘쳐난다. 만약 우리가 성경에 몰두한다면, 우리의 언어는 자연스럽게 이와 같은 창의성을 닮아 갈 것이다.

말의 지혜의 위험성

이쯤에서 우리는 한 가지 문제에 봉착한다. 사도 바울은 정말로 우리가 그리스도의 진리를 전하려고 할 때 이처럼 창의적인 방식을 사용해서는 안 된다고 말했던 것일까? 고린도전서 1장 17절에서 바울은 "그리스도께서 나를 보내심은 세례를 베풀게 하려 하심이 아니요 오직 복음을 전하게 하려 하심이로되 **말의 지혜로 하지 아니함은** 그리스도의 십자가가 헛되지 않게 하려 함이라"라고 말한다. 그리고 고린도전서 2장 1절에서는 "형제들아 내가 너희에게 나아가 하나님의 증거를 전할 때에 **말과 지혜의 아름다운 것**으로 아니하였나니"라고도 한다. 여기서 그가 말의 지혜 혹은 말과 지혜의 아름다운 것에 대해 경고하는 것은 우리가 효과적인 의사소통을 이루기 위해 창의적인 노력을 해서는 안 된다는 뜻일까? 인간의 언어를 효과적으로 사용할 길을 찾으려고 노력하는 일은 정말로 그리스도의 십자가와 그 능력을 헛되게 하는 것일까?

나는 고린도 교회에서 바울이 지적한 문제는 언어를 사용하는 어떤 방식이 아니라, 그 언어를 이용해 자신을 높이고 십자가에 못 박히신 주님을 업신여기는 일이었다고 생각한다. 고린도에서 말의 지혜를 일삼는 이들에게 "십자가의 도가 … 미련한 것"(고전 1:18)이었던 이유는 그 십자가가 인간의 교만을 무너뜨리는 것이었기 때문이다. 말의 지혜로 사람의 칭송을 얻어내려 했던 이들에게 그 십자가는 그저 미련한 것으로 보일 수밖에 없었다. 왜냐하면 십자가는 우리의 죄를 가장 끔찍하게 보여 주는 곳이자 하나님의 값없는 은혜가 가장 밝게 빛나는 자리이기 때문이며, 동시에 우리는 아무것도 받을 자격이 없는 자들임을 뜻하기 때문이다. 따라서 십자가는 교만을 꺾고 그리스도를 높일 뿐 우리가 높아질 수 있는 여지가 없기에 고린도에서 말의 지혜를 일삼는 이들에게는 그것이 어리석게 보였다.

결국 성경에는 더 큰 효과를 내기 위한 창의적인 '말의 지혜'가 가득하고, 바울 자신도, 예컨대 고린도전서 13장에서 사랑의 위대함을 표현할 때 썼던 것처럼, 아름다운 언어를 사용하고 있다. 그러므로 나는 바울이 비판하고 또한 우리도 피해야 하는 말의 지혜에는 다음과 같은 두 가지 특징이 있다고 결론 내린다. 즉, 자기를 높이는 일에만 주안점이 있으며, 십자가에 못 박히신 그리스도를 높이려 하지 않는다. 바울의 목적, 곧 하나님의 목적은 "아무 육체도 하나님 앞에서 자랑하지 못하게 하려 하심"(고전 1:29)이며, 오히려 "자랑하는 자는 주 안에서 자랑하라"(고전 1:31)라는 것이다. 이것이 바로 우리가 단어를 선택하고 그것을 사용할 때 항상 점검해야 할 내용이다. "이 말을 통해 우리는 낮아지고 그리스도께서 높아지시는가?"

제임스 데니(James Denny)는 이런 말을 한 적이 있다. "자기 자신의 영리함을 은근슬쩍 드러내면서 동시에 그리스도께 구원의 능력이 있다고 말할 수 있는 사람은 아무도 없다."[7] 이 문장이 도무지 내 마음에서 떠나지 않는다. 참으로 날카로운 경고다. 우리가 대화를 나누거나 글을 쓸 때, 혹은 강의나 설교를 할 때 이 말이 우리 마음 깊숙이 깃발처럼 힘차게 나부껴야 할 것이다.

그렇다면 창의성을 높이고자 하는 모든 형태의 의식적인 노력은 반드시 자신을 높이고 구원의 능력이 그리스도께 있다는 진리를 어둡게 하는가? 나는 그렇게 생각하지 않는다. 분명한 것은, 구원이나 성화의 결정적인 요소는 말의 창의성이 아니라 하나님께 있다는 점이다. 믿음은 다만 들음에서 나며, 들음은 말을 통해 이루어진다.

그리고 성경에 있는 그 말들은 위대한 결과를 만들어내기 위해 선택되고 조직된 것으로 그야말로 창의성이 충만한 말씀이다. 따라서 하나님은 우리도 우리 자신이 아닌 그분의 이름을 위해 창의적인 문구를 만들어 내기를 바라신다. 그러면 비록 우리가 그 말을 선택했지만, 그럼에도 그 말을 통해 하나님이 그분의 신비롭고 주권적인 은혜로 다른 이들의 마음속에서 당신을 영화롭게 하실 것이다. 이것이 바로 하나님이 우리를 계속해서 낮추시고 스스로 영광을 취하시는 방법이다.

---

[7] John Stott, *Between Two Worlds: The Art of Preaching in the Twentieth Century* (Grand Rapids, MI: Eerdmans, 1982), 325에서 인용; 존 스토트, 『현대교회와 설교』, 정성구 역, 생명의샘.

6. 우리의 말은 시의적절해야 한다

내 주변에는 간혹 놀라우리만치 기발한 아이디어가 넘치고 또 그것을 창의적으로 표현할 줄도 알지만, 안타깝게도 말할 타이밍을 잘 분간하지 못하는 사람들이 있다. 지혜로운 말이지만 영 엉뚱한 시점에 그것을 내뱉는 것이다. 아무래도 순간의 분위기를 파악하는 감각이 좀 부족한 것 같다. 잠언에는 지혜롭고 유익한 시점을 분별하는 것을 강조하기 위해 그에 관한 부정적인 예와 긍정적인 예가 모두 나타난다. "마음이 상한 자에게 노래하는 것은 추운 날에 옷을 벗음 같고 소다 위에 식초를 부음 같으니라"(잠 25:20). 기분 좋은 노래를 부르는 일에는 잘못된 게 전혀 없다. 하지만 배우자가 심장 마비를 일으킨 병실에서라면 그렇지 않다. "사람은 그 입의 대답으로 말미암아 기쁨을 얻나니 때에 맞는 말이 얼마나 아름다운고"(잠 15:23).

우리가 무슨 말을 해야 하는지만큼이나 그것을 언제 해야 할지를 분별하는 것도 굉장히 중요하다. 우리의 영적 센서가 제대로 작동하고 있어야 우리는 그 순간의 필요를 분별할 수 있다. 그것이 바로 바울이 "오직 덕을 세우는 데 소용되는 대로 선한 말을 하여 듣는 자들에게 은혜를 끼치게 하라"(엡 4:29)라고 한 말의 의미다. 여기서 "소용되는 대로"라는 말의 의미는 그 순간에 꼭 맞는 특별한 필요가 있다는 뜻이다.

무슨 말을 해야 하는지에 관한 지혜는 상당 부분 무엇을 듣는지에 따라 결정된다. 지혜롭게 들어야 지혜롭게 말할 수 있다. 우리의 입에서 나오는 것은 우리의 귀로 들어가는 것을 통해 형성된다. 따라서 듣는 일에 주의를 기울이지 않으면 말도 서툴게 할 수밖에 없다.

욥기에서는 무려 스물아홉 장(3-31장)이나 되는 분량 대부분을 욥의 세 친구들이 한 말에 할애했다. 그럼에도 하나님은 마지막에 그들이 했던 말들을 꾸짖으셨는데(욥 42:7) 그 이유를 궁금해한 적이 있는가? 아마도 그들이 했던 말 대부분이 그 자체로는 진실이었다 할지라도, 그 말을 한 시점과 상황이 굉장히 잘못되었기 때문일 것이다. 이와 대조적으로 시의적절한 말은 얼마나 큰 선물인가. "지혜로운 자의 혀는 양약과 같으니라"(잠 12:18). "의인의 입은 생명의 샘이라도"(잠 10:11). "선한 말은 꿀송이 같아서 마음에 달고 뼈에 양약이 되느니라"(잠 16:24). 그러나 아무리 지혜로운 말이라도 적절한 시점을 분간하지 못한다면 이와 같은 소중한 열매를 맺지 못하게 된다. 주님이 우리에게 어떤 말을 해야 할지 뿐만 아니라 그것을 언제 해야 할지에 대한 분별을 허락하시기를 바란다.

7. 우리의 말은 깨끗해야 한다

사도 바울이 부끄럽고 더러운 말에 관해 언급한 것들을 생각해 보면, 그 말 자체의 본질보다 오히려 그 이면에 숨겨진 동기의 본질에 초점을 맞추고 있다는 사실에 놀라게 된다. 다음의 세 가지 권면을 살펴보자.

"**누추함과 어리석은 말**이나 **희롱의 말**이 마땅치 아니하니 오히려 감사하는 말을 하라"(엡 5:4).

"무릇 **더러운 말**은 너희 입 밖에도 내지 말고 오직 덕을 세우는 데 소용되는 대로 선한 말을 하여 듣는 자들에게 은혜를 끼치게 하라"(엡 4:29).

"이제는 너희가 이 모든 것을 벗어 버리라 곧 분함과 노여움과 악의와 비방과 너희 입의 **부끄러운 말**이라 … 옛 사람과 그 행위를 벗어 버리고 새 사람을 입었으니 이는 자기를 창조하신 이의 형상을 따라 지식에까지 새롭게 하심을 입은 자니라"(골 3:8-10).

바울은 깨끗한 언어 사용을 어떻게 권하고 있는가? 그는 더러운 언어를 감사와 덕을 세우는 은혜, 그리고 하나님의 형상이 새롭게 되는 것과 대조하고 있다.

"누추함"과 "어리석은 말"이나 "희롱의 말"을 달고 사는 이들의 마음은 온전히 감사할 줄 모른다(엡 5:4). 이는 참으로 놀랄 만한 지적이다. 하지만 한번 생각해 보라. 우리가 살면서 하는 경험들이 바로 그 사실을 증명하고 있지 않은가? 속된 말을 입에 담는 사람들의 마음에는 감사가 넘치지 않는다. 그런 이들은 대체로 비관적이고 화가 나 있으며 자기 뜻대로 일이 되지 않는다고 원망한다. 그러한 태도는 하나님이 자격 없는 이들에게 베푸신 선에 감격하는 겸손한 사람들의 모습과 정반대된다.

'더러운 말'을 달고 사는 이들의 마음에는 다른 이의 덕을 세우고 그들에게 은혜를 끼치고자 하는 열망이 없다. 속된 말은 남에게 은혜를 끼치는 데 도움이 되지 않는다(엡 4:29). 도움은커녕 오히려 다른 사람들도 똑같은 분노와 이기심으로 물들여 입에 파수꾼을 세우기를 싫어하게 만든다(시 141:3). 상스러운 말을 하는 사람은 자신의 자유를 당연한 것으로 여기며 그것을 다른 이의 덕을 세우거나 은혜 가운데 권면하는 일에 사용하지 않겠다고 외치는 것이다.

'부끄러운 말'을 달고 사는 이들의 마음은 스스로 '옛 사람'의 모습으로 돌아가 자신이 "자기를 창조하신 이의 형상을 따라 … 새롭게 하심을 입은" 새 사람이라는 사실을 깨닫지 못하고 있다(골 3:10). 외설적인 말을 자주 하는 사람들은 그리스도의 형상을 따라 변화되기를 거부하는 것이며, 이는 또한 그리스도께서 주시는 새로움을 추구하려고 힘써 나아가지 않는 것이다.

그러니 우리가 알고 느끼는 것을 효과적으로 표현하는 능력을 기르고자 한다면, 감사하는 마음과 은혜, 그리고 그리스도께서 자신의 피 값 주고 사신 그 새로움을 목표로 하여 나아가자. 그러면 바울의 말과 같이 우리가 더러운 말을 버리고, 다른 이에게 유익이 되며 하나님께 영광이 되는 것들로 우리의 입을 가득 채우게 될 것이다.

유익한 말은 하나님의 선물

우리는 우리가 관찰하고, 이해하고, 평가하고, 느끼고, 또 적용한 것을 말과 글로 표현하는 능력을 기르고자 한다. 이 성장의 과정이 하나님의 도우심에 달려 있음은 분명하다. 내가 이번 장에서 이야기한 모든 것의 이면에는 한 가지 진리가 자리하는데, 그것은 입에서 나오는 것은 마음의 상태에서 기인한다는 사실이다. "입에서 나오는 것들은 마음에서 나오나니"(마 15:18). "마음에 가득한 것을 입으로 말함이라"(마 12:34). 그러므로, 우리는 마음을 변화시키시는 하나님의 역사에 의존할 수밖에 없다.

하나님이 그렇게 하겠다는 약속을 주셨다. "새 영을 너희 속에 두고 새 마음을 너희에게 주되 너희 육신에서 굳은 마음을 제거하고 부드러운 마음을 줄 것이며"(겔 36:26). 이것은 새 언약에 대한 약속이며, 그리스도께서 자신의 피를 흘리심으로써 그것을 이루셨다(눅 22:20). "내 법을 그들의 생각에 두고 그들의 마음에 이것을 기록하리라 나는 그들에게 하나님이 되고 그들은 내게 백성이 되리라"(히 8:10). 다시 말해서, 하나님이 어떤 식으로든 우리 자신을 표현하라고 명하실 때, 그 일을 그저 우리 자신에게만 맡겨 두지 않으신다는 뜻이다. 유익한 말은 하나님이 주시는 선물이다.

"주 여호와께서
학자들의 혀를 내게 주사

나로 곤고한 자를 말로
어떻게 도와줄 줄을 알게 하시고"(사 50:4).

그러므로, 우리가 다음과 같이 시편 기자를 따라 기도하면 우리의 말이 헛되지 않을 것이다.

"나의 반석이시요 나의 구속자이신 여호와여
내 입의 말과 마음의 묵상이
주님 앞에 열납되기를 원하나이다"(시 19:14).

Foundations
for Lifelong
Learning

결론
—

평생의 삶을 위한 기초

우리가 제시하는 교육의 목표는 평생 배움의 기초가 되는 정신과 마음의 습관을 배양하는 일이다. 그러기에 베들레헴대학 및 신학교의 강의실에서 행해지는 교육은 인생 전반에 걸쳐 적합하다. 즉, 18세 청년을 위한 교육이 80대 노인에게도 적합하다는 뜻이다. 우리에게 이 진지한 기쁨의 교육은 결코 끝나지 않는다.

우리는 지식과 지혜가 자라가는 것에 관한 성경의 기도와 명령이 모든 연령대에 언제나 동일하게 적용되는 것이라고 믿는다. "[우리도] 기도하기를 그치지 아니하고 구하노니 … 주께 합당하게 행하여 … 하나님을 아는 것에 **자라게** 하시고"(골 1:9-10). "우리 주 곧 구주 예수 그리스도의 은혜와 그를 아는 지식에서 **자라 가라**"(벧후 3:18). "**지혜를 얻으라** 네가 얻은 모든 것을 가지고 **명철을 얻을지니라**"(잠 4:7).

이러한 평생에 걸친 성장이 일어나려면 마음과 정신의 여섯 가지 습관이 그것을 형성하는 하나님의 말씀을 통해 살아나고 능동적으로 움직여야 한다. 그러므로 정확하게 관찰하고, 분명하게 이해하며, 공정하게 평가하고, 적절하게 느끼며, 지혜롭게 적용하고, 강렬하게 표현하라. 이와 같은 습관을 실천할 때, 결과적으로 우리는 하나님이 주시는 직업이 무엇이든 거기서 더욱더 많은 열매를 맺는 성숙함을 이룰 것이다.

"가슴이 있는 사람"

앨런 제이콥스(Alan Jacobs)는 C. S. 루이스의 교육관을 설명하면서 자신의 이러한 신념을 표현한 적이 있다.

> 루이스는 자신의 책 『인간 폐지』에서 교육은 정보를 제공하는 것이라기보다는 '마음의 습관'을 함양케 하여 '가슴이 있는 사람', 즉 바르게 '생각할' 뿐만 아니라 또한 세상이 던져 주는 과제와 축복에 대해 본능적이고 감정적으로 올바르게 '반응할' 수 있는 사람을 만들어 내는 일이라고 굳게 믿었다.[1]

---

1) Alan Jacobs, *The Narnian: The Life and Imagination of C. S. Lewis* (New York: Harper Collins, 2005), xxiii-iv.

'관찰하기'와 '이해하기'라는 한 측면과 '적용하기'와 '표현하기'라는 또 다른 측면 사이에서 그 둘을 연결해 주는 고리가 '평가하기'와 '느끼기'이다. 관찰하고 이해하는 일이 없이는 평가하고 느끼는 객관적인 기반이 존재하지 않을 것이고, 적용하고 표현하는 일이 없다면 우리가 평가하고 느끼는 모든 것은 그저 자기중심적이고 매정한 것이 될 것이다.

'가슴이 있는 사람'(객관적으로 평가하고 적절한 감정으로 반응할 수 있는 사람)은 관찰과 이해에 뿌리를 내리고 적용과 표현이라는 가지가 자라는 나무와 같다. 그리스도인에게 그 뿌리는 하나님이 계시하시는 실재이고, 가지는 그리스도를 높이는 사랑이다.

이러한 마음과 정신의 습관들을 성경적인 틀 안에서 세워가는 한 가지 방법은 빌립보서 1장 9절의 기도를 보는 것이다. "내가 기도하노라 너희 **사랑**을 **지식**과 모든 **총명**으로 점점 더 풍성하게 하사." 여기서 사랑은 '목표'이고, 지식과 총명은 그 '수단'이다. 우리가 보이고자 했던 것은 '적용'과 '표현'의 습관이 사람에 대한 사랑과 일치한다는 점이다. 그리고 '관찰'과 '이해'의 습관은 지식과 총명에 해당한다. 이 둘 사이를 연결하는 것은 하나님의 초자연적인 기도 응답인데, 그로써 사람의 마음(즉, 가슴!)이 새롭게 되어 그리스도의 영께서 주시는 생명으로 평가하고 느끼게 된다.

평생의 삶

이 말은 다시 말해 평생 배움을 위한 이 여섯 가지 기초는 그리스도인의 삶을 설명하는 한 가지 모습이라는 뜻이다. 즉, 기독교적 세계관 위에서 일평생 배워 가는 일은 곧 평생의 삶이며, 그것은 또한 성경적인 삶이다. 참된 교육은 신실한 그리스도인의 삶에 부수적인 첨가물이 아니다. 하나님의 성품 자체와 우리를 향하신 그분의 뜻으로 인해 우리는 그러한 교육을 해나간다.

우리는 **관찰한다**. 왜냐하면 하나님이 우리에게 육체적이고 영적인 감각을 주셨기 때문이다.

우리는 **이해한다**. 왜냐하면 하나님이 우리에게 정신을 주셨기 때문이다.

우리는 **평가한다**. 왜냐하면 하나님이 당신 자신을 모든 가치에 대한 참된 척도로 계시하셨기 때문이다.

우리는 **느낀다**. 왜냐하면 하나님이 우리에게 마음과 감정을 주셨기 때문이다.

우리는 **적용하고 표현한다**. 왜냐하면 하나님이 우리에게 사랑하라고 명하셨기 때문이다.

이것은 삶의 습관이지 그저 교육의 습관이 아니다. 또한 이것은 삶의 기초이지 그저 배움의 기초가 아니다. 우리는 하나님의 은혜에 의지하고, 하나님의 말씀을 따라, 그리고 하나님의 영광을 위해 이러한 습관을 실천한다. "이는 만물이 주에게서 나오고 주로 말미암고 주에게로 돌아감이라 그에게 영광이 세세에 있을지어다 아멘"(롬 11:36).

부록
一

아가시와 물고기

　20대 초반 처음 신학 공부를 시작하던 시기에 나는 이전에는 전혀 보지 못했던 것을 보고자 하는 열망이 커져 갔는데, 거기에 잊을 수 없는 영감을 불어넣은 것이 바로 "아가시와 물고기" 이야기였다.
　처음 그 이야기를 읽었을 때 나는 완전히 매료되었다. 그것은 마치 이제 막 성경 연구를 시작한 내 삶의 새로운 지평에 눈부신 폭발이 일어난 것과 같았다. 그 밝은 섬광이 성경의 모든 세부적인 내용을 밝게 비춰 주었다. 갑자기 이전에는 보지 못했던 패턴과 상호관계, 그리고 생각의 연결고리들이 눈에 들어오기 시작했다. 그런데 이 모든 것은 나에게 무엇을 보라고 가르쳐 준 어떤 스승이 있었기 때문이 아니라, 그저 "보라, 보라, 보라!"라고 말해 준 누군가가 있었기에 일어난 일이었다.

루이 아가시(Louis Agassiz)는 하버드비교동물학박물관(Harvard Museum of Comparative Zoology)의 설립자이자 하버드대학교의 교수였다. 그의 학생이었던 새뮤얼 스커더(Samuel Scudder)는 이 놀라운 교수가 자신에게 해준 말에 관해 글을 썼는데, 그 내용은 자신에게 주어진 연구 대상을 오랫동안 열심히 들여다보는 습관과 인내심을 기르기만 한다면 결국에 가서는 무엇을 볼 수 있게 되는지에 관한 것이었다.[1]

---

1) Horace E. Scudder, ed., *American Poems: Longfellow, Whittier, Bryant, Holmes, Lowell, Emerson; with Biographical Sketches and Notes*, 3rd ed. (Boston: Houghton, Osgood, 1879), 450-54.

어떤 학생이 쓴 아가시와 물고기

이것은 15년도 더 된 이야기다. 나는 아가시 교수님의 실험실에 들어가 자연사를 전공하는 학생으로 교수님의 과학 수업에 등록했다고 말씀드렸다. 교수님은 내가 그 수업을 신청한 목적과 대략 어느 정도의 선행 지식이 있는지, 그 과목을 통해 얻게 된 지식을 후에 어떤 형태로 사용하고자 하는지, 그리고 끝으로 내가 연구하고 싶은 특정 분야가 있는지 등에 관해 몇 가지 질문을 했다. 이 마지막 질문에 나는 동물학 전반의 기초 지식을 잘 쌓되 특히 곤충학을 전문적으로 연구하고자 한다고 대답했다.

"언제 시작했으면 하는가?" 교수님이 물었다.

"당장이요." 나는 대답했다.

교수님은 기다렸다는 듯이 "아주 좋아!"라고 힘차게 말한 후 선반에서 노란색 알코올이 가득 담긴 커다란 표본 병을 하나 꺼냈다.

교수님은 이렇게 말했다. "이 물고기를 꺼내서 잘 살펴보게. 이 녀석은 벤자리라고 부르지. 내 나중에 뭘 발견했는지 물어보겠네."

그 말만 남기고 교수님은 떠났다. 하지만 잠시 후에 다시 와서 내게 맡긴 그 관찰 대상을 어떻게 돌보아야 하는지 분명히 알려 주었다.

"표본을 제대로 관리할 줄 모르는 사람은 결코 박물학자가 될 수 없다네." 교수님이 말했다.

내가 해야 했던 일은 양철 쟁반에 놓인 그 물고기를 관찰하되 한 번씩 표본 병에 있는 알코올로 물고기의 겉면을 적셔 주어야 했고, 또 그럴 때마다 병의 마개를 꼭 닫아 두어야 했다. 그때는 연마된 유리 마개나 보기 좋게 만들어진 진열용 병 같은 것이 없던 시절이었다. 옛날 학생들은 모두 목 없는 커다란 유리병과 반쯤은 벌레 먹어서 새지 않게 밀랍으로 덧칠한 먼지투성이의 코르크 마개를 기억할 것이다. 교수님은 주저 없이 병 바닥까지 손을 담가 그 물고기를 꺼내 보였는데, 그래서 나는 그 병의 알코올에서 '아주 케케묵은 비린내'가 진동을 했음에도 싫은 내색 하나 없이 용기를 내어 그것이 마치 그냥 깨끗한 물인 것처럼 다룰 수밖에 없었다. 하지만 그래도 열정 있는 곤충학자가 되기 위해 꼭 물고기를 쳐다볼 필요는 없지 않을까 하는 일말의 실망감을 감출 수는 없었다. 기숙사 친구들은 내가 오드콜로뉴(eau de cologne) 향수로 샤워를 해도 그 냄새가 마치 그림자처럼 나를 따라다니며 사라지지 않자 매우 짜증스러워했다.

 10분이 지나자 나는 그 물고기에서 볼 수 있는 것을 전부 다 보았고, 그래서 교수님을 찾기 시작했다. 하지만 교수님은 이미 박물관을 떠나고 없었다. 위층에 보관된 희한한 동물들을 여기저기 좀 둘러본 후 실험실로 돌아오자 내 표본이 완전히 말라 있었다. 나는 마치 기절한 사람을 소생시키기라도 하듯 알코올을 들이부었고, 그 물고기가 다시 정상적인 질퍽한 상태로 돌아오기를 초조히 기다렸다.

 이 작은 소동이 끝나고 나니 이제 다시 그 말 없는 친구를 가만히 응시하는 것 말고는 할 수 있는 일이 없었다. 30분이 지나고, 한 시간, 또 한 시간이 지나자 그 물고기가 메스껍게 보였다. 그래서 이리

저리 돌려서 보고 머리를 들여다보기도 했지만 기분이 찝찝했다. 뒤에서, 아래에서, 위에서, 옆에서, 그리고 비스듬한 각도에서도 보았지만, 여전히 기분은 찝찝했다.

절망에 빠진 나는 시간이 다소 일렀지만 점심을 먹어야겠다는 결론을 내렸다. 이내 마음이 한없이 편안해졌고, 그래서 조심스럽게 물고기를 다시 병에 넣은 뒤 한 시간의 자유를 얻었다.

점심을 먹고 돌아왔을 때 나는 아가시 교수님이 이미 박물관에 왔다 갔고, 그 후로 몇 시간은 다시 오지 않을 거라는 사실을 알게 되었다. 동료 학생들은 너무 바빠서 내가 계속 말을 걸면 일에 방해가 되었다. 어쩔 수 없이 나는 천천히 그 흉측하게 생긴 물고기를 꺼내어 자포자기한 심정으로 다시 들여다보았다. 내게는 돋보기는 물론 그 외의 어떤 도구도 허용되지 않았다. 오로지 두 손과 두 눈, 그리고 물고기뿐이었다. 극도로 제한된 영역처럼 보였다. 나는 그 물고기의 목구멍에 손가락을 밀어 넣어 이빨이 얼마나 날카로운지 느껴 보았다. 또 각 측선의 비닐이 몇 개인지 세어 보았지만 얼마 안 가 그것이 무의미한 일임을 깨달았다. 급기야 한 가지 좋은 생각이 떠올랐다. 그 물고기를 그리는 것이다. 그러자 놀랍게도 그 생물체의 새로운 특징들을 발견하기 시작했다. 바로 그때 교수님이 돌아왔다.

"바로 그거야." 교수님은 말했다. "연필은 최고의 눈이라고 할 수 있지. 또한 자네가 표본이 마르지 않게 잘 관리하고 병의 마개도 잘 닫아 놓은 것을 보니 기쁘군."

이러한 격려의 말과 함께 교수님은 물었다. "그래, 살펴보니 좀 어떤 것 같나?"

나는 가장자리에 있는 아가미활과 움직일 수 있는 아가미덮개, 머리에 있는 기공(氣孔)과 살점이 있는 입술, 꺼풀이 없는 눈과 측선, 가시 모양의 지느러미와 갈라진 꼬리, 그리고 납작한 아치 모양의 몸 등, 아직도 그 이름을 잘 모르는 물고기의 이런저런 구조에 대해 짧게 설명했고, 교수님은 그것을 주의 깊게 들었다. 내가 말을 마치자 교수님은 더 많은 내용을 기대하듯 잠시 기다리다 이내 실망스러운 한숨을 내뱉었다. "자네 아주 세심하게 들여다보지는 않았군. 그것 참." 그러고는 더욱 진지하게 말을 이어 갔다. "자네는 이 물고기 자체만큼이나 분명하게 보이는 동물의 가장 두드러지는 한 가지 특징을 보지 못했네. 다시 보게. 다시 보게나!" 이렇게 교수님은 나를 고통 가운데 남겨 두고 떠났다. 나는 기분이 언짢고 굴욕감을 느꼈다. 저 꼴도 보기 싫은 물고기에 아직도 더 볼 것이 남았다고? 하지만 나는 다시 의지를 갖고 그 일에 돌입했고, 하나씩 새로운 것을 발견하기 시작했다. 그리하여 결국에는 교수님의 혹평이 얼마나 올바른 것이었는지 알게 되었다. 어느새 그날 오후가 다 지나갔고 하루를 마감할 즈음에 교수님이 물었다.

"이제 보이는가?"

"아니요." 나는 대답했다. "아직 안 보이는 것은 분명한데, 전에 제가 본 것이 얼마나 적었는지는 알 수 있었습니다."

"그나마 다행이군." 교수님은 진지하게 말했다. "하지만 오늘은 이 쯤 하세. 물고기 정리하고 집으로 가게나. 어쩌면 내일 아침에는 더 나은 대답을 할 수 있을 걸세. 내일은 물고기를 보기 전에 자네에게 질문을 하겠네."

교수님의 이 말은 너무도 당황스러운 것이었다. 왜냐하면 나는 밤새 눈앞에 보이지도 않는 이 물고기에 대해 알 수 없는, 그러나 가장 두드러지는 그 특징이 무엇인지 생각하고 연구해야 했을 뿐만 아니라, 내가 새로 발견했던 것들을 다시 검토해 보지도 못한 채 다음날 그에 대해 정확한 설명을 해야 했기 때문이다. 기억력이 좋지 않았던 나는 이 두 가지 난제를 안고 혼란스러운 상태로 찰스 강변을 따라 집으로 걸어갔다.

다음 날 아침 교수님의 다정한 인사에 마음이 누그러졌다. 그분은 그저 자신이 보았던 것을 나도 보게 되기를 간절히 바라는 것처럼 보이는 한 남성일 뿐이었다.

"혹시 교수님." 나는 물었다. "이 물고기에는 양쪽에 하나씩 한 쌍의 대칭적인 장기가 있다는 말씀이신가요?"

교수님은 아주 만족해하며 "물론이지, 물론이지!"라고 말했고, 이는 전날 밤 뜬눈으로 보냈던 그 시간을 보상해 주었다. 교수님이 굉장히 즐겁고 열정적으로(늘 그러시듯) 이 점의 중요성에 관해 이야기하는 것을 들은 후에 나는 용기를 내서 이제 무엇을 해야 하는지 물었다.

"아, 자네 물고기를 관찰하게." 교수님은 이 말을 하고 다시 그 자리를 떠났다. 약 한 시간 조금 더 지나서 교수님은 돌아왔고 내가 새로 발견해서 정리한 것들에 대해 들었다.

"그거 좋아. 그거 좋아!" 교수님은 반복해서 말했다. "하지만 그게 전부는 아닐세. 계속하게나." 그렇게 사흘 동안이나 교수님은 그 물고기 외에는 다른 어떤 것도 보지 못하게 했고, 또 인위적인 도구도 전혀 사용하지 못하게 했다. 그저 "보게나, 보게나, 보게나!" 이 말만 거듭할 뿐이었다.

이것은 내 인생 최고의 곤충학 수업이었고, 이후의 모든 세부적인 연구에까지 영향을 미친 수업이었다. 또한 교수님이 내게뿐만 아니라 다른 많은 이들에게도 남겨 주신, 돈으로도 살 수 없고 절대 포기할 수도 없는 귀중한 유산이었다.

그 후로 1년이 지났을 때 우리는 칠판에 분필로 괴상한 짐승들을 그리며 즐거워하고 있었다. 걸어 다니는 불가사리, 사투를 벌이는 개구리, 머리에 물이 찬 지렁이, 위풍당당하게 꼬리로 서서 우산을 높이 들고 있는 가재, 입을 벌린 채 눈을 크게 뜨고 있는 기괴한 물고기 등이었다. 잠시 후에 교수님이 들어와서 그 그림들을 보고는 우리 실험조에 있었던 다른 이들만큼이나 즐거워했다. 교수님은 물고기 그림을 보았다.

"전부 벤자리군." 교수님이 말했다. "스커더 군이 그렸군."

사실이었다. 지금까지도 물고기 그림을 그리면 나는 벤자리 외에는 그릴 줄 아는 것이 없다.

4일째 되던 날 교수님은 같은 종류의 두 번째 물고기를 첫 번째 옆에 놓은 후 그 둘 사이의 비슷한 점과 다른 점을 찾아보라고 지시했다. 그리고 나서 또 한 마리, 그리고 또 한 마리, 계속해서 추가되다 결국 전체 어족이 다 내 앞에 놓였고, 탁자와 주변의 선반이 온통 유리병으로 뒤덮였다. 악취는 오히려 유쾌한 향기가 되었고, 아직도 그 15센티미터짜리 벌레 먹은 낡은 코르크를 보면 향기로운 추억이 떠오른다!

그렇게 벤자리 무리 전체를 검토했다. 내부의 장기를 해부할 때나, 골격을 준비하고 검사할 때, 또는 다양한 부위를 묘사할 때도 사실을 일목요연하게 관찰하게 했던 아가시 교수님의 훈련 방법에는 발견한 사실에 만족하지 말라는 권고가 반드시 뒤따랐다.

"사실이라는 것은 일반적인 법칙과의 연결고리를 찾아내기 전에는 아무 쓸모 없는 것일세." 교수님은 이렇게 말하곤 했다.

8개월이 지날 무렵, 나는 아쉬운 마음을 뒤로 하고 이 친구들을 떠나 비로소 곤충들을 찾아 발길을 돌렸다. 그러나 이 경험을 통해 내가 얻은 교훈은 훗날 나의 전공 분야에서 수년간 했던 연구보다 더 큰 가치가 있었다.

사명선언문

너희가 흠이 없고 순전하여……세상에서 그들 가운데 빛들로
나타내며 생명의 말씀을 밝혀 _ 빌 2:15-16

1. 생명을 담겠습니다
만드는 책에 주님 주신 생명을 담겠습니다.
그 책으로 복음을 선포하겠습니다.

2. 말씀을 밝히겠습니다
생명의 근본은 말씀입니다.
말씀을 밝혀 성도와 교회의 성장을 돕겠습니다.

3. 빛이 되겠습니다
시대와 영혼의 어두움을 밝혀 주님 앞으로 이끄는
빛이 되는 책을 만들겠습니다.

4. 순전히 행하겠습니다
책을 만들고 전하는 일과 경영하는 일에 부끄러움이 없는
정직함으로 행하겠습니다.

5. 끝까지 전파하겠습니다
모든 사람에게, 땅 끝까지, 주님 오시는 그날까지
복음을 전하는 사명을 다하겠습니다.

서점 안내

광화문점　서울시 종로구 새문안로 69 구세군회관 1층
　　　　　　02)737-2288 / 02)737-4623(F)

강남점　　서울시 서초구 신반포로 177 반포쇼핑타운 3동 2층
　　　　　　02)595-1211 / 02)595-3549(F)

구로점　　서울시 동작구 시흥대로 602, 3층 302호
　　　　　　02)858-8744 / 02)838-0653(F)

노원점　　서울시 노원구 동일로 1366 삼봉빌딩 지하 1층
　　　　　　02)938-7979 / 02)3391-6169(F)

일산점　　경기도 고양시 일산서구 중앙로 1391 레이크타운 지하 1층
　　　　　　031)916-8787 / 031)916-8788(F)

의정부점　경기도 의정부시 청사로47번길 12 성산타워 3층
　　　　　　031)845-0600 / 031)852-6930(F)

인터넷서점　www.lifebook.co.kr